JN277437
الله
الحرية
أكبر
مش ببلاش
علاء
في قرية

監修者――佐藤次高／木村靖二／岸本美緒

［カバー表写真］
バグダード市民に倒されるサッダーム・フセイン像
（フィルダウス広場，2003年4月9日）

［カバー裏写真］
フセイン像の顔に星条旗を被せるアメリカ軍人
（2003年4月9日）

［扉写真］
エジプトのタフリール広場に集う群衆
（2011年1月25日）

世界史リブレット126

イラク戦争と変貌する中東世界

Hosaka Shūji
保坂修司

目次

九・一一事件

二〇〇一年九月十一日、一九人のアラブ人の若者がアメリカで四機の航空機をハイジャックした。そのうちの二機はニューヨークの世界貿易センタービルに、一機は国防総省(通称ペンタゴン)に激突、最後の一機はペンシルベニア州ストーニークリークに墜落した。この事件で約三千人の人がなくなった。犠牲者にはハイジャック犯、ハイジャックされた航空機の乗員・乗客、そして世界貿易センター・国防総省にいた人びとのみならず、救助活動にあたっていた消防士たち数百人までもが含まれている。この事件は、発生した日付から九・一一事件と呼ばれたり、その事件の特徴からアメリカ同時多発テロと呼ばれたりしている。

同時多発テロで破壊される世界貿易センタービル

▼カーイダ　アラビア語で「基地」「（自動車などの）シャシー」の意味。二〇〇一年六月にエジプトのアイマン・ザワーヒリーをリーダーとするジハード団と合併して、正式名称を「カーイダトゥルジハード」（ジハード〈聖戦〉基地）と変更した。

事件の衝撃の大きさは、犠牲者の数のみではかれるものではない。最初の飛行機が世界貿易センター北棟にぶつかってから、テレビは、黒煙をはく断末魔のビルをリアルタイムで中継していた。そして、世界中の人びとがテレビ画面を凝視していたさなかに二機目が同センター南棟に激突、やがて五〇〇メートル以上の高さを誇っていた双子の巨塔は、今度は真っ白な煙を巻きあげながらまるでスローモーションのようにくずれ落ちていく。

われわれはその一部始終を目撃し、さらに世界がこの事件をきっかけに大きくゆらいでいくのを目の当たりにした。アメリカは九・一一直後、犯行グループを匿っていたアフガニスタンのターリバーン（五頁参照）と呼ばれる、奇矯なイスラームを奉じる政権を圧倒的な軍事力で破壊してしまう。

九・一一実行犯の一九人のほとんどがいわゆる湾岸諸国の出身者であった。国籍別でみれば、サウジアラビア人が一五人、アラブ首長国連邦（ＵＡＥ）人が二人で、あとはエジプト人とレバノン人が一人ずつ。では、なぜ、この一九人が二〇〇一年九月十一日という日に、アメリカという遠く離れた異国の地で多くの無実の人びとを巻きぞえにして死ななければならなかったのか。

単純化していえば、彼らは全員、国際テロ組織カーイダ▲（アルカイダ）のメンバーであった。カーイダはイスラームの名のもとにアメリカに対する攻撃を標榜する組織であり、一九人はその綱領を忠実に実行した、ということになる。

なぜ、カーイダはアメリカを攻撃しようとするのか。カーイダのリーダーは、サウジ人のビン・ラーデン▲であり、その右腕といわれるのがエジプトのジハード団▲リーダー、ザワーヒリー▲であった。サウジアラビアもエジプトも国としては親米国とされる。その上、両テロリストとも出身は巨大財閥と知的エリート、経済的にも社会的にも恵まれた二人にわざわざその地位を捨てる積極的な理由はなかったはずだ（五五頁参照）。しかも、よりによって攻撃対象は遠く離れたアメリカである。彼らはいったいアメリカに対してなんの恨み、怒りをもっていたのだろうか。

▼オサーマ・ビン・ラーデン（一九五七〜二〇一一）　中東最大のゼネコングループの御曹司としてサウジアラビアに生まれた。ソ連軍のアフガニスタン侵攻後、アフガニスタン解放のため活躍。過激化したため、九四年サウジ国籍を剝奪された。

▼ジハード団　一九八〇年代につくられたエジプトの過激組織。エジプト政府の転覆をめざし、サーダート大統領暗殺事件などに関与した。

▼アイマン・ザワーヒリー（一九五一〜）　カイロ近郊出身。父は大学教授。医学部を卒業して医師として活躍する一方、過激なイスラーム運動に従軍、ジハード団のリーダーとなった。

①—アフガニスタン戦争からイラク戦争へ

カーイダの誕生

カーイダという組織が二十一世紀のテロリズムにおいて大きな意味をもつとするなら、それは、その攻撃対象のなかに、メンバーの国籍と関係なく、国境をこえた敵を最重要な標的として設定したことにある。敵はつねに異教徒や異端であり、それゆえ、彼らは自分たちの攻撃をジハードとして正当化した。ジハードはアラビア語で「努力」を意味する語根ＪＨＤから派生した語で、具体的には神(=アッラー)や宗教のための努力を意味するが、転じて異教徒との戦いを意味する。カーイダやその類似の組織では、ジハードとは異教徒や異端者との武装闘争であることから、彼らはしばしばジハード主義▲者と呼ばれる。

カーイダの誕生は一九八九年にまでさかのぼる。七九年にソ連軍がアフガニスタンに侵攻、無神論の共産主義によってイスラームの国であるアフガニスタンが蹂躙されたことを受け、アラブ諸国を中心に多くの若いムスリムたちが、ソ連軍と戦ってアフガニスタンを解放し、同胞のムスリムを救うため、義勇兵▲

▼ジハード主義　日本では九・一一のようなイスラームを標榜したテロをおこなう集団について「イスラーム過激派」「イスラーム過激主義」「イスラーム原理主義」といった呼び名を用いるのが一般的であり、ともすればイスラームそのものとテロを結びつける傾向さえみられる。「ジハード主義」の語を使うのは、こうした誤解を避けるためでもあり、あえてこの考え方から「イスラーム」の語をはずすことで、ジハード主義がイスラームとは明らかに異なる考えであることを示そうとしている(むろん、ジハードの語もイスラームの重要な概念であり、そう軽々しく使うべきではないが)。

▼義勇兵　ここでいう義勇兵は、アラビア語ではムジャーヒドという語が用いられる。ムジャーヒドとは「ジハードを戦うもの」の意味であり、その口語体複数形が、日本語や英語でもよく使われるムジャーヒディーンである。

▼ターリバーン　ターリバーンは「学生たち」の意味。アフガニスタンが武装勢力同士の内乱状態にあった一九九四年、南部カンダハールでモスクの宗教学校の教師であったムッラー・ムハンマド・ウマルが引きおこした騒乱を起源とし、九六年にはほぼアフガニスタン全土を制圧した。あまりに極端なイスラーム理解にもとづく統治をおこなったため、国際社会からは孤立していた。同年にカーイダがスーダンからアフガニスタンにもどってくると、カーイダを庇護下においた。

や援助関係者としてアフガニスタンやその隣国のパキスタンに旅立っていった。

ところが、一九八九年にソ連軍が尾羽打ち枯らしてアフガニスタンから撤退すると、アフガニスタンでは、対ソ連戦を戦ったあまたの抵抗勢力のあいだで内輪もめが始まり、内乱が発生した。アフガニスタンにいたアラブ人の義勇兵たちは、ソ連という敵を失った状況のなか自分たちの新たな役割を模索して、さまざまな動きをみせる。ある者は祖国にもどり、ある者は新たなジハードを求め世界に散らばり、またある者はそのままアフガニスタンにとどまり、きたるべき戦いに備えていた。カーイダはそうしたアラブ人義勇兵たちによって八九年に結成された組織であった。中心になったのがビン・ラーデンであり、その周囲にベテラン義勇兵たちが数多く参集した。

アフガニスタン戦争

九・一一事件の直後から、アメリカ政府関係者、あるいはメディアでは、犯人はカーイダだとの声があがっていた。当然、アメリカは犯人引渡しを要求するが、当時アフガニスタンを支配していたターリバーン▲と呼ばれる政権はそれを拒否した。そのため、二〇〇一年十月、アメリカはイギリスなどとともにアフガニスタン攻撃を開始する。これが「アフガニスタン戦争▲」であり、アメリカはこの攻撃を「不朽の自由」作戦と呼んだ。

またこの戦争は、アメリカを機軸にみた場合、九・一一事件に対するリアクションでもある。したがって、のちにはアフガニスタンだけでなく、カーイダの活動する世界のあらゆる場所へと拡大していく。それゆえ、これ以降のアメリカおよびその同盟国によるアフガニスタン・イラクでの戦い、加うるに世界各国の講ずるテロ対策全般を包括して、「対テロ戦争▲」と呼ぶ場合もある。

アメリカ軍はアフガニスタンの首都カーブルやターリバーンの拠点であるカンダハールに大規模な空爆を加え、同時に地上では、反ターリバーンの軍事同盟である北部同盟が米英軍とともに、首都めがけて進撃した。ターリバーンはほとんどなすすべもなく、十一月にはカーブルから退却、二〇〇一年末までには事実上ターリバーン政権は崩壊した。

一方、カーイダは、アフガニスタン東部の国境に近いトラボラを拠点としていたといわれ、十二月からそこをめがけアメリカ・イギリス・ドイツのほか、

▼アフガニスタン戦争　この戦いを戦争と呼ぶべきかどうか、国際社会では統一した見解はなく、しばしばアフガニスタン紛争とも表記される。

▼対テロ戦争　アフガニスタン戦争・対テロ戦争にかんしては、その合法性をめぐって政治家・研究者・法律家等のあいだでさまざまな議論が戦わされた。そもそも、犯行グループとされたカーイダは、アメリカが攻撃した時点では、犯行をおこなったことを明示していない。その段階ではたしてアメリカが攻撃することが許されるのか、という議論がひとつ。もうひとつは、たとえ、犯行がカーイダの仕業であったとしても、それだけで犯行の主体ではないターリバーンを攻撃することが許されるのか、ということである。そのほか、議論の幅は多岐にわたる。

反ターリバーンのアフガン武装勢力を含めた大規模攻撃がおこなわれ、そこに陣どっていたカーイダの部隊は壊滅させたものの、ビン・ラーデンら幹部は取り逃がしてしまった。彼らの行方はその後、杳《よう》としてわからなくなる。

いずれにせよ、二〇〇一年十二月には、ターリバーンもカーイダも壊滅状態となり、北部同盟側は、ターリバーンによって支配されていた地域をほぼ奪還することができた。同年十二月五日には、ドイツのボンに集まったアフガニスタン各派代表がアフガニスタンの和平と復興にかんする合意▲を締結した。

この合意にもとづき、二〇〇一年十二月二十二日には元ターリバーンのパシュトゥーン人、カルザイ▲を議長とする暫定行政機構が発足した。翌年六月にはロヤ・ジェルガ(大会議)が開催され、カルザイ議長が移行政権の大統領に選出されている。〇四年はじめには新憲法が制定され、同年十月には大統領選挙が実施されて、あらためてカルザイが大統領に当選し、アフガニスタンは独立した民主国家として正式に再スタートした。

しかし、その背後では、新たな危機がうごめいていた。ターリバーンもカーイダも表舞台から姿を消したものの、消滅したわけではなく、たんに捲土重《けんどちょう》

▼アフガニスタンの和平と復興にかんする合意　この国際会議の開催地名から、「ボン合意」と呼ばれる。

▼ハーミド・カルザイ（一九五七〜　）カンダハール州出身のパシュトゥーン人で、ターリバーン政権誕生当時は支持していたが、のちに袂を分かつ。アフガニスタン初代大統領。

▼グアンタナモ基地　グアンタナモ基地は二十世紀初頭以来、アメリカがキューバから永久租借していると主張しているキューバ国内にあるアメリカの海軍基地である。一九五九年のキューバ革命以降、キューバ政府は租借を違法であると主張し、アメリカからの租借料受け取りを拒否している。

来《らい》を期していただけだったのだ。だが、国際社会はこのアフガニスタンの潜在的脅威に対し、きちんとした対応をとれなかった。アフガニスタン以外の、今そこにある危機にあわてふためき、それどころではなかったからである。

グアンタナモ基地

その危機に話を移す前に、一点だけ指摘しておくべき問題がある。アメリカがアフガニスタン戦争以降積み残した数多くの問題点のうち、もっとも重要なものの一つ、すなわちグアンタナモ基地▲の捕虜収容所の問題である。

アメリカは二〇〇二年一月以降、いわゆる「対テロ戦争」のなかでとらえたテロ容疑者たちをこの基地に収容していった。収容された捕虜たちは、軍事捕虜でもなければ、犯罪者でもなく、またあるいはその両方でもあった。彼らは家族や弁護士との接見も許されず、また裁判すらおこなわれないまま、長期間にわたって拘置されることになった。

これはきわめて悪質な人権侵害であると、国連も含め国際社会は、アメリカに即時閉鎖を要求していたが、アメリカ側は、安全保障を盾に聞く耳をもたなかった。さらに収容所内では、収容者に対しさまざまな拷問・虐待がおこなわれたともいわれ、グアンタナモはアメリカに対する世界の人びと、とくに中東・イスラーム世界の人びとの不信の象徴となっていった。

収容所にいれられた容疑者の人数▲は、アメリカ国防総省によれば、七五九人であった。あえて指摘するまでもないが、グアンタナモに収監された容疑者のすべてがテロリスト、ないしはその予備軍というわけではない。彼らの多くは、自分たちが慈善団体等で働いていると主張していた。

アメリカは、国際社会の強い圧力を受け、徐々に捕虜を釈放するようになった。そして二〇〇九年に就任したオバマ▲大統領は選挙公約のひとつにグアンタナモ収容所の閉鎖をあげており、就任直後に同収容所閉鎖の大統領命令にも署名した。だが、一二年四月現在、いぜんとして収容所は閉鎖されていない。

一方、釈放された人びともまた大きな問題をはらんでいた。彼らの多くは祖国に帰還すると、そこでまたテロ容疑で逮捕されてしまった。容疑が晴れれば釈放されることもあるが、そうでなければ、ふたたび長期拘束された。

多くの国では、グアンタナモ帰りを含むテロ容疑者を社会復帰させるため、

▼収容者の人数　人数は累計。七七五人という説もある。その多くはアフガニスタン人、サウジ人、イエメン人などであった。

▼バラク・オバマ（一九六一〜　）アメリカ合衆国第四十四代大統領。黒人初のアメリカ大統領である。

彼らにリハビリプログラムを受けさせた。豊かな産油国では、そのために豪華な施設をつくり、受講者がリハビリ修了後、仕事や自動車をえるのを支援したり、また全員に日本製のゲーム機を無料で配布したりなど、文字どおりいたれりつくせりであった。しかし、サウジアラビアやクウェートでは、こうしたプログラムを受けた者が、受講後、ふたたびテロ組織に加わるという事態が跡を絶たなかったのである。そして、彼らのおもな行く先はイラクであった。

イラン・イラク戦争と湾岸戦争

第一次世界大戦でオスマン帝国がやぶれたのを受け、イギリスは、オスマン帝国領であったアラブ世界のうちバグダード、マウシル（モスル）、バスラの三州をあわせ、一九二一年、イギリス委任統治のイラクをつくりあげた。バグダードにはスンナ派アラブ人、バスラにはシーア派アラブ人が主として居住しており、一方、マウシルにはアラブ人のほか、クルド人▲やトルコマン人▲など非アラブ系住民が多数住んでいた。この三つの異質な地域を統治するのに、イギリスは、アラビア半島ヒジャーズ地方（現サウジアラビア西部）にいたハーシム家▲

▼クルド人　印欧系クルド語を話す民族。三千万ほどの人口をもちながら、トルコ・イラク・イラン・シリアなどに分散していたため独立国家をもてなかった。

▼トルコマン人　イラク北部に住む少数民族。言語・民族・文化的にトルコ人に近い。

▼ハーシム家　ハーシム家はイスラームの預言者ムハンマドの血を引き、オスマン帝国のもとで総督をつとめていたが、一九一六年フセインのもと「アラブの反乱」を起こす。二五年サウード家により駆逐され、フセインの次男アブダッラーがイギリスの後押しでヨルダン国王となる。フェイサルはフセインの三男。

からフェイサルをつれてきて国王にした。

イラクは一九三二年に正式にイラク王国として独立したが、こうした体制で、この国がそう簡単におさまるはずもなく、国内は親英派・反英派の対立を機軸にクーデタやクーデタ未遂、テロがあいつぎ、結局五八年、青年将校率いるクーデタでイラク王国は滅亡、共和国となった。

その後も一九六三年に、今度はバァス党▲というアラブ民族主義・アラブ社会主義を掲げる政党によるクーデタが発生、バァス党はいったん政権を追われるも、六八年に再度クーデタを起こし、ふたたび政権を握った。これ以降、バァス党は、諜報機関や秘密警察などを使って、反対派をつぎつぎと粛清し、独裁体制を築いていったが、その中心を担っていたのが、フセイン▲であった。

フセインは一九七九年、正式に大統領に就任した。ただちに政敵の大半を処刑し、国内の政治基盤をかためると、今度は外に打ってでる。

同年、隣国イランでイスラーム革命▲が起こり、パフラヴィー朝政権が打倒され、イスラーム法学者を中心としたイラン・イスラーム共和国ができた。そしてこのイスラーム共和国は、シーア派の革命を周辺の国々にまで輸出しようと

▼バァス党　バァスとはアラビア語で「復興」「ルネサンス」を意味し、バァス党は正式名称をアラブ社会主義復興党という。一九四〇年代に、シリア人のキリスト教徒ミシェル・アフラクらによって結成された。イラクのバァス党はもともとシリアのバァス党のイラク支部という位置づけだった。

▼サッダーム・フセイン（一九三七～二〇〇六）　イラク北部ティクリート近郊出身。バァス党に入党、首相暗殺未遂容疑でエジプトに亡命するなど武闘派としてならした。

▼イスラーム革命　シーア派イスラーム法学者のホメイニーによって一九七九年に起こされた。当時のイランのパフラヴィー朝を打倒、イスラーム法の専門家が監視する統治体制（ペルシア語で「ベラーヤテファギーフ」）を構築した。

試みた。ペルシア湾▲岸の国はオマーン▲をのぞき、すべてスンナ派の王や首長が支配していたが、国民のなかには少なからずシーア派が含まれており、しかもそのシーア派はしばしば差別され、弾圧されていた。イランでの革命は、虐げられてきた湾岸のシーア派住民にとっては、自らの信仰を再確認する絶好の機会だったのである。

イラクも状況は同じで、フセインら政権中枢は圧倒的にスンナ派で占められていたが、イラクの人口の六〇%以上はシーア派であったことから、シーア派革命の波及は、イラク政権そのものを脅かしかねなかった。またイラクは、イランとの国境を流れるシャットルアラブ川の領有やクルド人の反政府運動への支援問題などでもイランと対立しており、革命のどさくさでイランが混乱しているのは、フセインにとってイランを叩く好機でもあった。

一九八〇年九月、イラクはイランに対し先制攻撃を加え、イラン・イラク戦争が始まった。戦いは一進一退を繰り返し、八八年に終了したが、この八年間の戦争で、両国とも多くの人命と資産を失った。イラクはそれに加えて戦争遂行のため、周辺国、とくにクウェートやサウジアラビアから莫大な借金をして

▼ペルシア湾　イランとの民族的・宗教的な相違から、アラブ諸国では一般にアラビア湾の語を用いる。両者の対立に巻き込まれるのを避けるため、第三者はふつうたんに「湾岸」という呼称を使うことが多い。

▼オマーンの宗教　オマーンでは、イスラーム最初の分派とされるハワーリジュ派の流れをくむイバード派が主流。

おり、これが戦後復興を進めるうえで、大きな足かせになった。しかも、イランとイラクという巨大産油国間の戦争が終結したことで、石油価格が低迷した。これは、石油収入に国家財政を依存するイラクにとって、戦後復興のための資金が欠乏することを意味していた。そのほか、クウェートとの国境問題を含め、さまざまな思惑が錯綜しながら、九〇年八月、イラクは隣国クウェートに侵攻し、またたく間に占領、併合してしまう。これが湾岸危機である。

その結果、アメリカがクウェート解放とサウジアラビア防衛を理由に、サウジアラビアに軍を駐留させ、一九九一年一月には、アメリカ軍を中心とする多国籍軍がイラクを攻撃、圧倒的な軍事力の差を前にしてイラクはなすすべもなく、イスラエルやサウジアラビアにスカッド・ミサイルを撃ち込むぐらいが関の山であったが、大した被害は与えられなかった。やがて地上戦が始まり、同年二月二十七日にはクウェートが解放された。

湾岸戦争と呼ばれたこの戦いはイラクの完敗に終わったが、戦争が三カ月足らずしか続かなかったためイラク側は軍事力を温存することができ、また、クウェート侵攻の張本人であるフセインの責任もまったく問われることがなく、その後も彼は温存された軍事力とともにイラクに君臨し続けることになった。

　このことはのちに、国際社会にとって大きな禍根となる。とくに生物化学兵器などイラクの大量破壊兵器▲の問題はその後もたびたびむし返され、そのつど国際社会を大きくゆるがしていった。実際に所持するしないは別に、大量破壊兵器の所持あるいは製造をほのめかすことは、フセイン体制▲護持のための命綱であったが、結果的にみれば、それがイラクの命取りとなっていった。

国連の査察と「砂漠の狐作戦」

　前述のとおり、戦争が短期間で終結したため、共和国防衛隊等精鋭部隊はほとんど手つかずのまま残され、湾岸戦争終了直後に北部・南部で発生したクルド人やシーア派の反乱ではこうした精鋭部隊が動員され、完膚なきまでに反乱を鎮圧している。つまり、イラクの軍事力が強大なのは、あくまで国内の少数民族やシーア派、あるいは隣国のクウェートやサウジアラビアなどに対したときだけであって、いってみれば張子《はりこ》の虎のようなものだったのである。

　もちろん、虚勢だとすぐにバレてしまうようでは、抑止力にはならない。い

▼**大量破壊兵器**　イラクはすでにイラン・イラク戦争中の一九八八年に、自国民であるクルド人の、しかも民間人に対し化学兵器を使い、多くの人びとを無差別に殺害した前科があり（ハラブジャ事件）、同戦争終了後も、さまざまな大量破壊兵器を保持・開発していると公言していた。

▼**フセインの軍事独裁体制**　フセインを追い落とさなかったのは、当時のアメリカのジョージ・H・W・ブッシュ大統領（父）の決断だといわれている。フセインという独裁者の重石がなくなれば、イラクは分裂する恐れがあり、そうなれば、イラクはさらに混乱し、その混乱が周辺国にまで波及すると、地域情勢は手のつけようがなくなるといった政治的な判断が働いたとされる。

さましい軍事演習や、フセイン自身がよくみせた威嚇的な発言などは、精一杯の空威張りだったのかもしれない。しかし、国際社会がイラクの軍事力に対し底知れぬ不安を感じていた最大の理由は、やはりイラクが所持していると主張していた大量破壊兵器である。

　そのため、湾岸戦争後、イラクの大量破壊兵器を破棄すべく、国際社会は一九九一年、イラク国内の生物・化学兵器、核兵器、弾道ミサイルにかんする査察▲をおこなった。この活動はたしかに一定の成果をあげたが、イラク側は協力的でなく、しばしば査察妨害を受けることもあった。九五年には、イラクの大量破壊兵器製造の最高責任者のひとりカーミル▲がヨルダンに亡命、大量破壊兵器にかんする秘密を国連に大量にもたらした。武器査察団はこの暴露を受けて戦術を変更した。今度はぬき打ちでの査察を重視するようにしたのである。

　すると、イラクは一九九七年には、査察団との協力を中断、翌年十月には協力全面停止という強硬措置にでた。これに対し国連安保理は決議一二〇五を採択、イラクに査察再開を要求したが、いぜんとしてイラクは非協力的態度で終始したため、同年十二月、アメリカおよびイギリス軍はイラクに対し大規模な

▼イラク武器査察　一九九一年の国連安保理決議六八七にもとづき、国連大量破壊兵器破棄特別委員会（UNSCOM）が設置された。

▼フセイン・カーミル（一九五六〜九六）　フセイン大統領の女婿でもあり、従兄弟でもある。兵器製造の責任者。ヨルダンに亡命したが、その後帰国。帰国直後に殺害された。

空爆を実施した。これが「砂漠の狐作戦」である。

アメリカはこの作戦でイラクの大量破壊兵器開発を遅らせることができたと自負したが、実際には査察体制そのものまで破壊されてしまった。しかもフセイン体制は生き残り、ますます頑なになったイラクから大量破壊兵器を全面破棄するのは今まで以上に困難になった。国連はその後、国連監視検証査察委員会▲を設置するが、当然イラクの協力などえられず、査察は遅々として進まなかった。

ネオコンの登場

一方、査察をめぐる対立と同時並行して別の動きがアメリカ国内で進んでいた。「砂漠の狐作戦」直前、アメリカ議会はイラク解放法という法律をつくった。これは、アメリカの対イラク政策の大きな変化を象徴するものといえる。

従来のアメリカのイラク政策は、フセイン政権下のイラクをイランとともに封じ込めて、体制が倒壊するのを待つという、通称「二重封じ込め」政策だったが、このイラク解放法では、アメリカが、イラクの体制転換を積極的に支援

▼**国連監視検証査察委員会**（UNMOVIC）　一九九九年の国連安保理決議一二八四にもとづき設置され、UNSCOMに代わってイラクの未解決の武装解除問題をあつかう。

▼**フランシス・フクヤマ**（一九五二〜　）　日系アメリカ人。冷戦終了で民主主義・資本主義が最終的に勝利をおさめたとする『歴史の終わり』を書いたことで知られる。

▼**ザルマイ・ハリールザード**（一九五一〜　）　アフガニスタン出身のアメリカの政治家。九・一一事件後駐アフガニスタン・駐イラク大使を歴任。

するとはっきり宣言されている。この法律によって、アメリカ大統領には、イラク反体制派に対する軍事支援や放送設備の提供などの権限が与えられ、イラクに民主的な体制をつくることが積極的に企図されたのである。

　この流れを積極的に推進したのが、フクヤマ、ハリールザード、パール、ウォルフォビッツらネオコンと呼ばれる人たちであった。

　その思想の特徴のひとつは、自由主義や民主主義といったアメリカの価値観を普遍的なものと考え、それをアメリカの軍事力や経済力を使ってでも、他国に広め、強いアメリカを志向するべきだと考えたことにあった。また、ユダヤ人が中心メンバーにいたことから、同じユダヤ人の国であり、「民主国家」でもあるイスラエルをアメリカの中東政策の核とするのも大きな特徴だ。

　フセインをしとめそこなったクリントンが政治の表舞台から去り、今度は共和党のブッシュ(子)が大統領の座についた。ネオコンたちは、このブッシュ政権において重要なポジションを押さえ、彼ら自身の野望実現をめざした。そのキーマンが、国防副長官の地位についたウォルフォビッツであった。

　しかし、ブッシュ大統領の思想や政策がネオコンのそれと当初から一致して

▼リチャード・パール(一九四一〜　)　ユダヤ系アメリカ人の政治家。ネオコンのリーダー格。民主党員でありながら、共和党政権下で活躍。

▼ポール・ウォルフォビッツ(一九四三〜　)　ユダヤ系アメリカ人の政治家。イラク戦争後、世界銀行総裁に就任するも、スキャンダルなどで辞任。

▼ネオコン　ネオ・コンサーバティズム(新保守主義)の略。アメリカ国内の社会主義や社会民主主義的な思想を源流とし、もともとは民主党支持者が多かったが、民主党のクリントン政権のころから共和党にシフトするようになる。

▼ビル・クリントン(在任一九九三〜二〇〇一)　第四十二代アメリカ大統領。民主党。妻はのちに国務長官になるヒラリー。

▼ジョージ・W・ブッシュ(子)(在任二〇〇一〜〇九)　第四十三代アメリカ大統領。共和党。父ジョージ・H・W・ブッシュは第四十一代大統領。

いたわけではなかった。九・一一後の政策からしばしば誤解されるのだが、彼は初めからイスラームやアラブと敵対していたわけではない。事実、彼は就任後しばらくのあいだ、イスラエルへの支持が不十分だの、非民主的な政権に対して弱腰だのと批判されていた。イラク政策にしても、ネオコンの主張するようなフセインの強制排除ではなく、「賢い制裁▲」を掲げていたのである。

▼賢い制裁（スマート・サンクション）従来の制裁ではなにを許可するかが問題であったが、この制裁は軍事物資、あるいは軍事用に転用可能な物資をリストアップして、輸入禁止品目に指定する、つまりなにを禁止するかを明確にしていこうとするものであった。

機能不全になる国連制裁

一九九〇年の湾岸危機以降、国連安全保障理事会は、イラクに対し矢継ぎ早に決議を採択していった。なかでも重要なのが、イラクに経済制裁を科すことを決めた決議六六一である。同決議は、国連の全加盟国に対し、イラクへの全面禁輸を要求したもので、これがすべての基本となっている。

これによってイラクは理論上、外界とかかわるいっさいの経済活動を遮断され、政権は弱体化していくはずであった。しかし、実際には石油や石油製品の密輸などにより政権そのものはゆるがず、国民に皺寄せがきてしまう。必要な物資がはいってこないので、一般国民は飢えや病気に苦しむ。だが、フセインら政権中枢は、国民の困窮は国連経済制裁のせいであり、悪いのはそれを主導するアメリカである、と責任を転嫁し、自分たちは左うちわで暮らしている。たえられなくなったのは、イラク政府ではなく、国際社会のほうであった。

一九九五年四月、国連は人道上の配慮から安保理決議九八六を採択し、イラクが食糧や医薬品など国民生活に不可欠な物資を購入できるよう、イラクの石油輸出を限定的に認めた。これを石油食糧交換計画▲と呼ぶ。

そして「砂漠の狐作戦」後に出された安保理決議一二八四(一九九九年)では、石油輸出の上限が撤廃され、イラクは生産能力いっぱいまで石油を輸出できるようになった。これによって、イラクの石油生産量は湾岸危機以前の状態にまでほぼもどったのである。

もちろん、イラクは湾岸危機・湾岸戦争時の賠償金の支払い義務などがあるため、石油収入をまるまる懐《ふところ》にいれることはできなかった。だが、石油食糧交換計画以降、ロシアや中国などの石油企業と交渉したり、トルコやヨルダン・アラブ首長国連邦から多数の物資を輸入するなど、イラクは国際経済のなかで着々と足場を確保しはじめていた。このほか、イラク政府は密輸によって莫大

▼石油食糧交換計画(オイル・フォー・フード)　実際に計画が始まったのが一九九六年、石油を売って購入した食糧などが国民に配られるようになったのは九七年であった。当初こそ、この計画は本来の趣旨どおり、輸入も食糧・医薬品のみに限定され、石油の輸出額も半年で二〇億ドルという枠が定められていた。しかし、その後は徐々に制限が緩和された。

▼アメリカの偵察活動　一九九一年以降、アメリカは、イラク南北のシーア派やクルド人を守るという名目でイラク領空に飛行禁止空域を設定し、航空機による上空からの偵察をおこなっている。

な収益をあげており、これは当然、イラク政府が自由に使える金となった。つまり、国連の対イラク経済制裁はほとんど機能不全におちいっていたのである。イラクが、こうして獲得した金を国民のためだけに使うわけはなかった。とくに防空システムの整備に重点的に金がまわされたとされている。これは、アメリカの偵察活動▲を危機に晒すことを意味していた。二〇〇一年二月、就任したばかりのブッシュ大統領はいきなりイラクを空爆したが、これは、のちのイラク戦争の前哨戦というよりは、むしろ拡充しつつあるイラクの防空システムを破壊することで、空からの監視をより円滑におこなおうとしたためである。

軍事活動と並行して、アメリカは、より効果的な制裁システムの導入をはかっていた。それが「賢い制裁」（一八頁参照）である。フセインを追い詰める目的のこの制裁は、二〇〇一年六月から安保理で協議が始まった。したがって、少なくともこの時点では、ブッシュ大統領の頭のなかには、アメリカ軍の武力行使で強制的にフセインを排除する、という選択肢はなかったはずだ。

幸か不幸か、ロシアの強硬な反対で協議ははかどらなかった。ロシアは既存の制裁システムから恩恵を受けており、それをかえる必要性はなかったからである。ようやくロシアが合意して安保理決議一三八二が成立、「賢い制裁」が動きはじめたのは九・一一後の二〇〇一年十一月二十九日であった。

二〇〇一年十一月

安保理決議一三八二が採択されるほぼ一週間前の十一月二十一日、ワシントンポスト紙の花形記者、ウッドワードが書いた『攻撃計画』という本によると、ブッシュ大統領はホワイトハウスでラムズフェルド▲国防長官にイラクに対する戦争計画を作成するよう命じたという。このことはブッシュ大統領の自伝『決断のとき』でも確かめられる。したがって、アメリカ大統領がイラク攻撃を決断し、実際それに向かって第一歩を踏み出したのはこのときということになる。

そのさらに一週間前、アフガニスタンではアメリカ軍などの攻撃により、ターリバーン政権が首都カーブルから撤退している。おりからアメリカ国内では炭疽菌《たんそきん》のはいった郵便物が新聞社やテレビ局、民主党上院議員の事務所に配達され、五人が死亡、二〇人近くが治療を受けるという事件が起こっていた。▲いまだ、アメリカは九・一一後の騒然とした雰囲気のなかにあったが、政権中枢

▼**ドナルド・ラムズフェルド**（一九三二～　）　アメリカの政治家。レーガン以降の共和党政権で要職を歴任、二度にわたって国防長官を務めた。

▼**炭疽菌事件**　手紙の文面からは、イスラームや中東とのかかわりが疑われたため、カーイダ犯行説や、生物兵器つながりからイラク犯行説もあがったが、だいぶあとになってアメリカ軍感染症研究所で働く微生物学者の単独犯行であると結論づけられた（容疑者は自殺）。

▼ディック・チェイニー（一九四一～　）　アメリカの政治家。共和党保守派の重鎮で、父ブッシュの時代には国防長官を務めていた。

においてはアフガニスタン情勢で少し先がみえてきて、つぎの一手が検討されるようになった、といったところであろう。

九・一一以前、ブッシュ政権内でイラク問題が緊切な最優先課題ではなかったにせよ、極めて重要な問題の一つであったことはまちがいない。ウッドワードの本は、政権内でのイラクにかんする議論がどのように変化していったかをいきいきと描いているが、本のなかで中心になっているのは、つねにラムズフェルド国防長官とチェイニー▲副大統領であった。もっとも彼は、ウォルフォビッツ国防副長官こそ「フセイン政権転覆の理論的主導者であり、もっとも過激な推進派」であったと述べている。

悪の枢軸

アメリカは、二〇〇一年までイラン・イラク・北朝鮮（朝鮮民主主義人民共和国）・アフガニスタン・キューバ・シリア・スーダン・リビアなどに「テロ支援国家」とか「ごろつき国家」の烙印を押していた。ただし、アフガニスタンのターリバーン政権がアメリカなどの攻撃で瓦解、リビアが大量破壊兵器開発を放棄したため、この二国はその後、リストからはずされた。

ところが、二〇〇二年一月の一般教書演説で、ブッシュ大統領は、テロを支援し、大量破壊兵器の獲得をめざす国家のことを「悪の枢軸▲」と呼び、北朝鮮・イラン・イラクを名指しで非難した。

一般教書演説の一カ月前、ブッシュ大統領は、アメリカ中央軍のフランクス▲司令官から初めて対イラク戦争計画のブリーフィングを受けている。演説でイラクの悪行に言及したのは、完成しつつあった戦争計画を踏まえてのことであろう。彼らにとって「悪の枢軸」とはすなわちイラクであり、イランと北朝鮮は、この時点ではイラクをめだたなくさせる、目くらましにすぎなかった。

イラク反体制派とアメリカのネオコン

軍のなかで対イラク攻撃の枠組がねられているあいだ、アメリカ政権内では別の作戦が進行していた。つまり、戦後の受け皿の問題である。アメリカはイラク戦争のはるか前から、イラク国内外のイラク反体制派諸組織に対し、陰に陽に積極的な支援をおこなってきた。アメリカがイラク反体制派の「軍事力」、

▼「悪の枢軸」　イラクは、発表された順番は三番目だったが、アメリカに対する敵対的態度・テロ支援・大量破壊兵器開発疑惑・自国民に対する毒ガスの使用・武器査察の妨害など、唯一「悪」の具体的な内容にまで踏み込んで言及された。よほど語呂がよかったのか、これ以降「ごろつき」にかわって「悪の枢軸」は、アメリカが自分たちの敵を指し示すさいにもっとも頻繁に用いる用語となった。

▼トミー・フランクス（一九四五〜　）二〇〇〇年から中東・中央アジアをカバーする中央軍の司令官となり、アフガニスタン戦争・イラク戦争を指揮した。

つまり革命やクーデタでフセインを排除するという可能性にいつごろ見切りをつけたのかはわからないが、二〇〇二年の段階では対イラク軍事作戦における彼らの役割は、側面支援だけに限定されるようになっていた。

二〇〇二年二月、ブッシュ大統領はイラクの政権転覆のための極秘命令に署名し、年間二億ドルの予算で中央情報局（CIA）にイラク内外での秘密工作を命じた。CIAはたびかさなる失敗によりイラク国内での諜報網をほぼ完全に失っており、この新しい作戦でようやく、イラクでの足場の再構築を始めることになる。

しかし、アメリカがこの作戦のなかで大きな役割を付していたのは、イラク国内で活動している組織ではなく、イラク国外の、つまり亡命反体制派のほうであった。とくにアメリカが力をいれて支援していたのが、イラク国民会議▲の指導者、アフマド・チャラビー▲であった。

湾岸戦争後、アメリカはフセイン打倒のため、宗派やイデオロギーなどで四分五裂していたイラク反体制派組織を「イラク国民会議」の名のもとにまとめあげ、そのリーダーとしてチャラビーをすえたのである。

▼イラク国民会議（INC）　アメリカ主導でつくられたイラクの亡命反体制グループのアンブレラ組織。シーア派やクルド人だけでなく、世俗派・王政派・フセイン政権からの離反者などを糾合した。

▼アフマド・チャラビー（一九四四〜二〇一五）　バグダードの裕福なシーア派の家庭に生まれ、アメリカの名門、マサチューセッツ工科大学とシカゴ大学で数学を学び、博士号まで取得、七七年にはヨルダンでペトラ銀行を創設した。ところが、同銀行が破綻したため、チャラビーは詐欺罪で告発されたが、七〇〇〇万ドルともいわれる大金とともにヨルダンを脱出した。同事件にかんするチャラビー側のいい分は、彼がペトラ銀行を使ってイラク反体制派を支援していたという事実を掴んだイラク政府からの圧力をうけ、当時のヨルダンのフセイン国王がチャラビーをおとしいれたというもの。

重要なのは、アメリカの対イラク秘密工作の多くがこの組織をつうじておこなわれたことである。それは、アメリカの資金がまずこの組織に流れていたことを意味する。ＩＮＣは一九九〇年代なかばに内紛やライバル組織▲の出現、さらに九六年のクーデタ未遂事件▲で弱体化したが、九八年のイラク解放法でふたたび息をふき返す。イラク解放法では、反体制派に総額九七〇〇万ドルの支援を提供することになっていたが、九九年、当時のクリントン大統領は、ＩＮＣやＩＮＡなど七つの組織を支援対象に指定した。その中心におかれたのが、チャラビーだったのである。

イラク解放法ができる前から、チャラビーはアメリカの外交政策上大きな影響力をもつ政治家やロビーストたちと接触しており、そのなかには、パールやウォルフォビッツらネオコン(一七頁参照)も含まれていた。

ネオコンのめざすところは強いアメリカであり、人類普遍の価値観である自由や民主主義を世界中に広め、中東を民主化▲することであった。彼らはそれが結果的にはアメリカの国益にかなうものであるとの確信をもっていた。この考え方は、九・一一でさらに強められていく。九・一一後、アメリカの政権内で

▼ライバル組織　たとえばイヤード・アッラーウィーのイラク国民協和(ＩＮＡ)などがある。

▼クーデタ未遂事件　イラク軍関係者を中心にフセイン打倒クーデタ計画をＣＩＡが支援したが、事前に発覚したため、多数が逮捕され、処刑された。これによって多くのＣＩＡ工作員網も崩壊した。

▼中東の民主化　アメリカは世界各国の民主化促進や人権擁護を政策として掲げていたが、サウジアラビアやエジプトのような親米国に対してそれを強制することは少なかった。ネオコンは、その親米国から反米のテロリストが生まれてしまったことを重く受けとめ、その原因が非民主的な体制にあると考えた。そして、南アジアやアフリカの一部まで含めた「拡大中東」地域を民主化しなければならないというロジックをつくりだし、それを実際の政策に組み込んだ。

対イラク強硬論が強まれば強まるほど、パールやウォルフォビッツの役割が拡大し、彼らと強固な関係をもっていたチャラビーの重要性もあがっていった。

　こうした流れと並行して、イラクの外交官が九・一一実行犯と会っていたとか、イラク政府がイスラーム過激派を訓練していたというように、カーイダとイラクを結びつけるような報道があらわれてくる。

　これらの報道の情報源が何だったのかわからないが、イラクとカーイダの密接な関係を人びとの脳裏に焼きつけるのに貢献したことは間違いない。

イラクとカーイダ

　アメリカのパウエル▲国務長官も、国連安保理の場で、イラクとカーイダの関係にかんし「新事実」を提示した。ヨルダン生まれのパレスチナ人でザルカーウィー▲というテロリストがおり(五三頁参照)、アメリカのアフガニスタン攻撃のときには現地でテロリストの訓練キャンプを運営していた。その後、ザルカーウィーは、イラク北東部で毒物と爆発物の訓練センター設営を支援するようになった。この地域をコントロールしていたのはアンサールルイスラームとい

▼コリン・パウエル(一九三七〜　)　ジャマイカ系アメリカ人の軍人・政治家。湾岸戦争時、統合参謀本部議長としてアメリカ軍を指揮、国民的人気を博す。ブッシュ(子)政権下で国務長官に任命される。同政権内では穏健派として知られた。

▼アブームスアブ・ザルカーウィー(一九六六〜二〇〇六)　ヨルダンのザルカー出身。本名はアフマド・ハラーイレ。アフガニスタンで活動後、同じヨルダン人のイデオローグ、マクディシーらとともにジハード主義グループを結成、イラク戦争後はイラクでアメリカ軍やシーア派を標的にしたテロを繰り返す。〇六年アメリカ軍の攻撃により殺害された(五九頁参照)。

う過激組織であったが、イラク政府はそこに工作員をもち、カーイダに対し隠れ処を提供していた。アメリカがアフガニスタンからカーイダを駆逐すると、一部のメンバーはこの地域に移動してきた。

ザルカーウィーは二〇〇二年五月には治療のためバグダードを訪問、それとともに数十人の過激主義者がバグダードに集まってきて、作戦基地を構築した。バグダードを拠点とするカーイダの支部は、イラク全土で人や金、物資の移動をコーディネートし、ザルカーウィーは、イラクにおけるテロ・ネットワークから中東、さらには中東以外の地域のネットワークに指示を送ることができる。イラク当局者は、ザルカーウィーの居場所について知らないと証言しているが、信用できない。たとえイラクが彼らを匿っていたとしても、何ら疑問はない。

一九九〇年代なかばにはフセインとカーイダ間で、イラクを攻撃対象としないという了解ができており、両者間では頻繁に接触があった。同じころ、フセインはアフガニスタンにエージェントを派遣し、カーイダに文書偽造の技術を教えている。また、九六年にはビン・ラーデンはスーダンの首都ハルトゥームでイラク諜報機関の高官と会談している。

特別計画室

パウエル長官はブッシュ政権のなかでは穏健派を代表し、アメリカのイラク攻撃にかんしてずっと慎重な姿勢を示していた。彼と推進派のラムズフェルドやウォルフォビッツのあいだに深刻な対立があったことは、安保理での演説以前にもすでにメディアでさかんに書き立てられており、その慎重派がイラクへの最後通牒ともとれる発言をおこなったことで、アメリカのイラク攻撃はもはや不可避であるとの空気が広がってきた。

このプレゼンテーションのもとになる資料を作成する上で大きな役割をはたしていたのが、国防総省のなかに設置された特別計画室という組織であった。設置されたのは二〇〇二年九月。率いていたのはファイス▲政策担当国防次官で、室長はシュルスキー▲であった。そして、両名ともユダヤ系のネオコンであった。

特別計画室の仕事は、おもにイラクの大量破壊兵器開発や所有、イラクとカーイダのようなテロ組織の関係についての情報を収集することであった。ただ、のちに非難されるようになるのだが、特別計画室が報告する情報は、アメリカのイラク攻撃を正当化するという目的にそったものだけであり、その意味でい

▼**ダグラス・ファイス**（一九五三〜　）　ユダヤ系アメリカ人の政治家。ジョージ・W・ブッシュ政権で国防次官を務める。イラクとカーイダにかんする情報を流した張本人とされる。

▼**エイブラム・シュルスキー**　ユダヤ系アメリカ人の研究者。有名なシンクタンクのランド・コーポレーションなどで働く。

えば、情報の質、内容ともに恣意的にならざるをえなかった。

パウエル長官のプレゼンテーションは結果的にいえば、ほとんどすべてまちがいであり、虚偽であり、捏造であった。そして、そうした情報の多くが、チャラビーら亡命イラク人およびその組織によってもたらされていたのである。特別計画室は、こうした情報の真偽をほとんど精査せず、彼らの目的に沿うか沿わないかだけで判断し、都合のいい情報、つまりイラクが大量破壊兵器を隠蔽し、カーイダとつながっていることを示す情報だけを上層部にあげていった。

もちろん、イラクはこうした嫌疑をすべて否定した。また、イスラーム諸国やロシアや中国、さらにはヨーロッパからも、軍事攻撃に対する慎重論、査察の継続を求める声がでてきていた。アラブ世界はもちろん、アメリカやヨーロッパのメディアのなかにもプレゼンテーションを批判的に報じるものが多かった。結果的に全面支持ともいえる発言をおこなったのは、その後もアメリカと共同歩調をとるイギリス、および日本などかぎられた国だけであった。

バグダード市民によって倒されるフセイン像とそれを見つめるアメリカ軍人

②―イラク戦争

イラク戦争の始まり

アメリカは二〇〇三年三月二十日、イラクへの武力攻撃(「イラクの自由」作戦)を開始した。イラク戦争の始まりである。パウエル長官が求めていた新たな安保理決議は結局、とらないままであった。アメリカ軍とともに攻撃に参加したのは、イギリス・オーストラリアそしてポーランドであった。こののち、実際の戦闘に加わる加わらないは別に、イラク戦争に参加する国は徐々に拡大したが、国連の枠組ではないためしばしば有志連合と呼ばれることになった。日本の小泉首相(当時)は攻撃開始直後に談話を発表し、「米国をはじめとする国々によるこのたびのイラクに対する武力行使を支持します」と述べた。

アメリカ中心の有志連合は、圧倒的な武力を背景に、四月九日には早くも首都バグダードを陥落させた。その日、バグダード中心部に位置するフィルダウス広場に聳《そび》え立つサッダーム・フセインの巨像がアメリカ軍とバグダード市民によってくびき倒された。そのようすは世界中で報道され、多くの人びとが、倒れゆく巨像にイラクそのものの崩壊を投影させた。そして、ブッシュ大統領は五月一日、イラクにおける主要な戦闘が終結したことを宣言する。二カ月にも満たない短期決戦であった。フセインの四半世紀にわたる支配はあっけなく幕を閉じたのである。

　少なくともテレビで見ているかぎり、多くのイラク人たちが、アメリカ軍を邪悪な独裁者からの解放軍とみなしていたことに、ほとんど疑問の余地はなかった。バグダードからは、イラク軍や旧政権関係者らの姿が消えうせ、主を失った宮殿や役所は、市民たちの掠奪のままにされた。バグダードに入城したアメリカ軍は、市民の大歓迎を受け、市民たちのなかには喜びのあまり、涙を流すものも少なくなかった。イラクはついに解放されたのである。

　政権幹部の多くはいち早くバグダードをみかぎり逃亡していたが、つぎつぎに発見されていく。二〇〇三年七月には極悪非道で知られたフセインの息子ウダイとその弟クサイがアメリカ軍により殺害された。八月には副大統領のラマダーン▲と「ケミカル・アリー」のあだ名で知られたアブドゥルマジード▲があいついで逮捕されている(両名ともものちに処刑された)。

バグダードのフセインの宮殿

▼ターハー・ヤーシーン・ラマダーン(一九三八〜二〇〇七)　クルド系イラク人の政治家。クルド人でありながら、長いあいだ副大統領としてフセインに仕えた。

▼アリー・ハサン・アブドゥルマジード(一九四一〜二〇一〇)　イラク人の政治家。フセイン大統領の従兄弟で、国防相・内相などを歴任した。「ケミカル・アリー」のあだ名のとおり、化学兵器を使って自国民であるクルド人を虐殺したことで知られていた。

そして、十二月にはフセイン本人が拘束された。場所は出生地に近い、イラク中部ティクリート近郊のダウルというところであった。蛸壺のような穴からヒゲもじゃのまま這い出してきた逮捕の瞬間の映像はさまざまな媒体で流され、哀れな独裁者の末路を多くの人びとに印象づけることになった。

大量破壊兵器はあったのか

フセインは、とらえられたのち、バグダード近くのアメリカ軍基地に移送され、そこでアメリカ連邦捜査局FBIの尋問を受けた。当時、すでにアメリカ内外のメディアでは、イラク戦争開戦の最大の大義であった大量破壊兵器(一四頁参照)がいぜん発見されないことで、ブッシュ政権に対する風当たりが強まっていた。

二〇〇四年十月には、イラクの大量破壊兵器の捜索を担当していたドルファー▲らアメリカの調査団による最終報告書が議会に提出された。その結果は、すでに予想されたものであったとはいえ、やはり驚きであった。報告書はイラク戦争前、イラクには大量破壊兵器は存在せず、その開発計画もなかったと結論

▼チャールズ・ドルファー 元アメリカ国務省員で、UNSCOMのメンバーとしてイラクの大量破壊兵器の捜査にあたる。アメリカの最終報告書は、彼の名をとって「ドルファー報告」とも呼ばれている。

づけ、また、イラクは原則として一九九一年に大量破壊兵器を破壊していたとも述べた。

この報告書でも、国連制裁が解除されれば、イラクは大量破壊兵器をふたたび保有する意図があったとしてはいるものの、イラク戦争正当化の大前提そのものを覆す結論であった。

ここで一つ、大きな疑問が浮上する。確かにイラクは開戦のはるか前から、大量破壊兵器を保有していない、開発していないといい続けていた。ドルファー報告書は結果的にはそれが正しかったことを証明したわけだ。だが、それならば、アメリカによる攻撃をまねきかねない査察妨害などする必要はなかったのではないか。なぜイラクは、国際社会に対しわざわざ疑念をいだかせるように、査察を妨害したり、協力を拒んだりしてきたのであろうか。これについてはおもしろい資料がある。フセインがＦＢＩの尋問を受けたときの調書である。

彼は尋問を担当した、レバノン系アメリカ人でアラビア語に堪能なＦＢＩの特別捜査官ピロ▲に対し、国連の査察を妨害した結果、アメリカから反撃を受けることよりも、査察が完全に実施され、イラクに大量破壊兵器がないことが明

▼ジョージ・ピロ　レバノンからの移民で、アッシリア人であり、アラビア語に堪能な数少ないＦＢＩ捜査官のひとりであった。

らかになるとライバルのイランにイラクの実態を知られ、攻撃に晒されやすいことがばれてしまうことのほうが怖かったと告白しているのだ。国連査察官はイラクの弱点をイランに通告していた、とフセインは信じていた。一九九七年の「砂漠の狐作戦」(一六頁参照)でも、彼はアメリカからさらなる攻撃を受けても、イラクは耐えうると考えていた。それよりも、イランの前でイラクが丸裸にされることのほうが、彼にとっては脅威だったのである。

フセインによれば、イランはイラクと国境を接しており、イラク南部を併合する意図を有していた。イランによるイラク南部の併合こそが、イラクの直面するもっとも深刻な事態であった。中東の国々は弱いので、イランが攻撃してくれば自衛できない。イスラエルは全アラブの脅威ではあるが、イラク単独にとっての脅威だというわけではない。イラクはつねに軍事大国でなければならず、それこそがイランに対抗する手段であった。

二〇〇三年のイラク戦争についても、フセインは計算違いをしていた。ピロによると、フセインは、アメリカのイラク攻撃は一九九八年の攻撃と同規模のものになると予想▲しており、数日間の空爆で終わると考えていたという。

▼フセインの予想　バグダード陥落直後にアメリカ軍に投降したアジーズ元副首相によれば、フセインは、イラクに経済権益を有するフランスとロシアがアメリカの攻撃を阻止してくれると信じており、別の高官も、たとえアメリカがイラクを攻撃しても、イラク軍の英雄的抵抗でアメリカは撤退せざるをえなくなるし、そもそもアメリカはイラクの政権交代を望んでいないと、彼が信じきっていたと証言している。

フセインの処刑

二〇〇四年六月末、フセインはアメリカからイラク暫定政府に身柄を引き渡され、今度は「イラク特別法廷」において裁かれることになった。容疑は、ドゥジェイル虐殺事件▲にかんするものであった。

結審は二〇〇六年十一月、判決は絞首刑であった。フセイン側はただちに控訴したが、十二月、控訴は棄却され、死刑が確定する。同月三十日早朝、刑が執行され、フセインは絞首刑に処せられた。享年六十九歳。処刑の模様はなにものかによって(おそらく携帯電話の動画機能を使って)撮影され、その後、インターネット上で公開された。今でもこのビデオはインターネットで検索すれば、動画閲覧サイトなどで視聴することができる。

ビデオによれば、フセインは、黒い目だし帽をかぶった男たちにつれられて処刑台に登っていく。すると、周りの男たちから「ムクタダー、ムクタダー」という声があがる。フセインは「ムクタダー」の後尾にアクセントをおいて、明らかに侮蔑的なニュアンスを込めながら(映像では笑っているようにも見える)、

▼ドゥジェイル虐殺事件　ドゥジエイルはバグダードの北に位置するシーア派の町で、一九八二年、ここでフセインに対する暗殺未遂事件が発生、難を逃れたフセインは報復のため住民約一五〇人を虐殺したとされる。

フセイン裁判のもよう　この裁判では、フセインのほかラマダーン副大統領ら七人が人道に対する罪で裁きを受けた。初公判は二〇〇五年十月、裁判官の人定質問でフセインは「おまえがイラク人なら、わたしがだれか知っているはずだ」と轟然といいはなったといわれている。

その語を繰り返し、「これがアラブの勇気か」と挑発するように語った。それをきっかけにフセインの周りで罵り合いが起こる。

やがて、処刑用ロープが首に巻かれると、彼はイスラームの信仰告白（シャハーダ）を唱えはじめる。信仰告白は、イスラーム教徒としての信仰の証明であり、イスラーム教徒第一の義務である。それが、独裁者の末期の言葉としてふさわしいかどうかわからないが、その定型句の最後の部分にいたる直前、まるでその信仰のあかしを否定するかのように、絞首台の床が落ちた。

ムクタダー・サドル

フセインによって侮蔑的に言及された「ムクタダー」とは、イラク戦争後、イラクの政治・宗教界で急速にのしあがった、黒いターバン▲をかぶったシーア派の若き指導者ムクタダー・サドル▲のことである。期せずして彼の名が刑場で叫ばれたのは、その場に彼の支持者たちがたくさんいたということでもある。

彼の父、ムハンマド・ムハンマド・サーデク・サドルは旧体制下のイラクで大アーヤトゥッラー▲であった。シーア派を弾圧していたフセインのもとでも、

▼**黒いターバン**　預言者ムハンマドの血を引くことを意味する。

▼**ムクタダー・サドル**（一九七三〜　）イラクのシーア派指導者。ただし、イスラーム法学者として十分な教育を受けていないとされる。その支持者は「サドル潮流」と呼ばれる。

▼**大アーヤトゥッラー**　アーヤトゥッラー（アヤトラ）は「アッラーの徴（しるし）」の意、シーア派の位階の最高位。

バグダードの貧困地域である、サッダーム・シティーを中心に、貧しく迫害されたシーア派層から絶大な人気をえていた。おそらくその人気を恐れたためであろう、一九九九年、フセインによって暗殺されたといわれている。

二〇〇三年にフセイン政権が崩壊するや、サッダーム・シティーはサドルの名をとってサドル・シティーと呼ばれるようになり、息子のムクタダーはきちんとした宗教教育を受けていないにもかかわらず、死んだ父の人気にあやかるかたちでこの町を権力基盤として、一気に政治の表舞台に登場した。親の七光りであったことはまちがいないが、彼が戦後のイラクで巨大な影響力を保持できたのはそれだけが理由ではない。アメリカの攻撃とフセイン政権の崩壊によりイラクで発生した空白をうめるべく、さまざまな勢力が動きはじめるなか、最大勢力であるシーア派内でも国内の不平不満分子をいち早く糾合して、マフディー軍▲という武装組織を構築した点は彼の功績といわねばならない。

その後、彼のグループは軍事部門としてのマフディー軍とともに、政治および治安面でキャスティングボートを握るようになる。後述するダァワ党やイラク・イスラーム革命最高評議会と異なり、政界の最前線にでることはなく、む

▼**マフディー軍**　「マフディー」はアラビア語で「救世主」の意味。イラクのシーア派指導者ムクタダー・サドルに従う民兵組織。占領軍であるアメリカ軍のみならず、同じイラク人である他のシーア派・スンナ派の武装勢力とも敵対する。

しろ一歩も二歩も退いたかたちで反米的な立場を主張し、しばしば占領軍を攻撃した。しかし同時に、他のシーア派組織とも衝突、シーア派内部の不満や不安、怒りの重要な受け皿となっていく。彼らはこれによって政治的にフリーハンドをえた一方、政府に対し実態以上に強い圧力をかけることができるようになった。

テロの始まり

アメリカ軍が当初、多くのイラク人から解放軍として受け入れられ、歓迎されたとはいうものの、もちろん、早い時期からアメリカ「占領軍」に対する反対運動も起きていた。デモなどの抗議活動だけでなく、実際に武器を使用した攻撃もあった。そうした攻撃のなかでも、人びとに痛烈なインパクトを与えた事件が、二〇〇三年八月にバグダードで起きた二件の爆弾テロであった。

最初の事件は八月七日、バグダードにあるヨルダン大使館で起きた。大使館の外に駐車してあった自動車が爆発し、一七人が死亡、四〇人以上が負傷した。死亡したのは全員イラク人であった。

▼自爆テロ　犯人自身が死ぬことを前提としておこなうテロ行為を指す。中東ではジハード主義組織だけでなく、世俗的な組織でも用いられる。九・一一のように飛行機をハイジャックして目標に突っ込むという方法も自爆テロだが、通常は身体に爆弾を巻き、目標地点についた時点で自ら起爆装置を押して爆発させることが多い。ジハード主義組織の場合、準備段階から実行犯をビデオで撮影し、犯行後、実行犯自らが語る犯行声明をインターネット上に公開するのが一般的。イスラームでは自殺が禁止されているため、自爆テロを肯定的にみる人たちは自爆という語を用いず、「殉教（志願）作戦」と呼ぶ。

そしてその事件から間もない八月十九日、同じバグダードで今度は国連イラク事務所が爆弾テロの標的となった。国連が事務所として借りあげていたホテルに大量の爆薬を積んだトラックが突っ込み、そのまま爆発した、いわゆる「自爆テロ」であった。デメロ国連事務総長特別代表を含む二二人の国連職員がなくなり、負傷者の数も一〇〇人以上にのぼった。

このホテルは九月にも自爆テロにねらわれ、死者二人(ひとりは自爆犯)と二〇人近くの負傷者を出した。結局、このふたつの自爆攻撃により国連は六〇〇人のスタッフ全員をイラクから撤退させてしまう。イラクの戦後復興で大きな役割を担うはずであった国連がいなくなったことで、アメリカのイラク統治のシナリオは大幅に狂ってしまった。

ヨルダン大使館爆破の犯人については、はっきりわかっていない。しかし、国連施設爆破事件にかんしてはイラク戦争直前、パウエル長官がイラク政府とカーイダの結びつきの証拠として名前を挙げたザルカーウィー率いる組織が事実上の犯行声明を出している。

▼セルジオ・ビエイラ・デメロ(一九四八〜二〇〇八)　ブラジル人で、三〇年以上にわたって国連に勤務、おもに人道分野で活躍した。イラクには国連事務総長特別代表として派遣されていた。

▼ザルカーウィー率いる組織の犯行声明　ザルカーウィーは事件について「われわれは、ユダヤ人の守護者にして抑圧者の友である国連の建物を破壊した。国連はアメリカ人をイラクの主とし、パレスチナをユダヤ人に贈った」と述べている。

アメリカの占領

フセインの逮捕・裁判・処刑、ザルカーウィーによるテロなど大きな事件が連続して発生し、また市民らによる掠奪も続いていたものの、相対的にみれば、二〇〇三年のイラクは少しはまともになっていくようにみえた。アメリカの特別計画室(二八頁参照)はすでに開戦前に、戦後のイラク統治のために復興人道支援室▲を設置している。しかしORHAは予算もなく、権限も制限され、なおかつ国防総省のネオコンたちが、人事や政策面でことあるごとに口をはさんできたので、思うような活動がなかなかできないでいたといわれている。もちろん、これは国防総省以外からのいい分であり、国防総省にいわせれば、国務省やCIAの協力が足りなかったということになろう。

こうした対立もあり、イラクにはいる前からORHAは行き詰まりを露呈し、やがて連合暫定施政当局▲にとってかわられる。このCPAが、イラクに国際的に承認されたイラク人の政府ができるまでのつなぎの役割をはたした。〇三年七月にはイラク人の統治組織としてイラク統治評議会が設置されたのち、CPAとイラク統治評議会が車の両輪としてイラクの戦後を引っ張っていく。

▼**復興人道支援室**(ORHA) 国防総省のみならず、国務省や民間人などさまざまな分野から幅広く人材をかきあつめ、戦後イラクを統治するという重大任務を担当するはずであった。室長は元軍人のジェイ・ガーナー。二〇〇三年十一月にイラクで殺害された日本の外務省員、奥克彦大使もこの組織に派遣されていた。

▼**連合暫定施政当局**(CPA) 二〇〇三年五月に採択された国連安保理決議一四八三でお墨つきをえた暫定行政機構の一部である。

ただ、前途多難であることにはかわりなく、とりわけＯＲＨＡ・ＣＰＡに立ちはだかった大きな問題は、イラク人をどう占領政策のなかに組み込んでいくかという点であった。旧体制が打倒されたわけだから、それまで重要な役割をはたしていた人や組織を厚遇するわけにはいかなかった。しかし、ＯＲＨＡ室長から横滑りでＣＰＡの初代行政官となったガーナー▲は、旧政権高官を別にして、有能なテクノクラートは登用すべきだと考えていた。だが、この政策はアメリカ政府、とくに国防総省によってきらわれたため、ガーナーは事実上解任され、後任に元外交官のブレマー▲が任命された。そして、新行政官が就任直後に出した最初の命令が「イラク社会の脱バァス党化」政策であった。

　バァス党は政権崩壊直後に占領軍によって解党させられていたが、それを個人レベルまで徹底させようというのが、このＣＰＡ命令第一号であった。この命令によれば、バァス党要職にあったイラク人は職を解かれ、公的部門での雇用を禁止された。また、政府や政府関連機関、国営企業の高官にかんしても、バァス党籍の有無が調査され、バァス党の正規メンバーであることが判明すれば、解雇された。さらに、政府関連施設の建物、あるいは公共の空間にフセイ

▼ジェイ・ガーナー（一九三八〜　）　アメリカ陸軍出身の退役軍人。陸軍時代はミサイルの開発などに従事。最高位は中将。

▼ポール・ブレマー三世（一九四一〜　）　イェール大学・ハーバード大学で学んだのち、国務省に入り、オランダ大使などを歴任した。

ンの肖像画、バァス党や旧体制の象徴を掲げることも禁止された。ブレマーはさらに命令第二号を発出し、国防省・諜報機関・軍・民兵、はてはオリンピック委員会までも解体してしまう。まさに全面的な粛清であった。

亡命イラク人の役割

当初、アメリカの占領チームのなかでは旧政権メンバーを含む広範な暫定政府が構想されていたにもかかわらず、それがうまくいかなかったのは、一つには亡命イラク人たちの横槍があったためだとされる。チャラビーら亡命イラク人は、自分たちこそが新政権で重要な役割をはたすべきだと考えており、彼らの影響力が少なくなりそうなあらゆる試みに反対した。旧政権メンバーを占領政策に組み込むことに反対するだけでなく、旧政権とはもともと一線を画していた他のイラク人たちの役割をも縮小させるべく画策していたのである。

アメリカ主導の占領は、アメリカ内部の対立や綱引きで混乱の度を深めていっただけでなく、亡命イラク人と国内に残っていたイラク人とのあいだの、不和や対立、誤解、そして相互不信もそれに拍車をかけることになった。

▼ジョージ・パッカー（一九六〇〜　）アメリカ人ジャーナリストで小説家。もともとイラク戦争支持の立場だったが、著書のなかでイラクの現実を目の当たりにして苦悩していくさまを描く。

▼カンアーン・マッキーヤ（一九四九〜　）　バグダード生まれのイラク人で、のちイギリス国籍を取得。イラク反体制派の代表的人物。フセイン政権時の恐怖政治を描いた『恐怖の共和国』などの本でも知られる。

アメリカのパッカー▲は著書『イラク戦争のアメリカ』のなかでフセイン政権崩壊直後にバグダードで開かれたアメリカと三五〇人のイラク人との会合での一場面を紹介している。亡命イラク人の活動家マッキーヤ▲がそこで民主的な憲法制定の重要性について述べたとき、イラク国内組のある部族長が立ち上がってつぎのようにいった。「水道もない、電気もない、安全もない――それでも憲法の話をするのですか？」

こういう逸話は内外イラク人の状況認識が正反対であったことをよくあらわしている。とりわけ亡命イラク人の認識は、アメリカ国防総省のそれと同じで、現状からは大きくずれたものであった。彼らの認識を単純化していえば、つぎのようになろう。

フセインの独裁政権は国民を迫害し、国際社会に脅威を与えているため、打倒しなければならない。アメリカ軍が亡命イラク人と協力して同政権を打倒すれば、独裁政権から解放されたイラク人たちは、アメリカ軍を解放軍として歓迎する。亡命イラク人は、アメリカ軍の支援のもと、新生イラクを引っ張っていく。さらに新生イラクは民主国家であり、イスラエルとの関係をも正常化し、イスラエルの安全保障も確保される。

　これは、彼らの考える理想のシナリオであるが、問題は彼らがこのシナリオがくずれたときの次善の策をほとんど想定していなかったことである。シナリオにさまざまな過誤や矛盾が生じるたびに、彼らは彼らなりの対処療法で事にあたる。しかし、それは泥縄式にほかならず、イラクをきちんと正しい方向に向けるためには、まったくもって不十分であった。

　しかも、国防総省主導のイラク統治においては、イラクや中東、アラブ世界に深い経験と知見をもつ専門家たちが、邪魔者あつかいされ、排除されていき、結果的には打つ手のほとんどが場あたり的にならざるをえなかった。

　一方、亡命イラク人も、もともと自分たちこそ新生イラクをリードするものと自負していたが、国内のイラク人たちからみれば、彼らはアメリカの傀儡にすぎなかった。やがて、一時の熱狂が冷め、イラク国民からアメリカが敵対視されるようになると、彼らも一蓮托生で、ますます信頼を失っていった。

▼イラク国民協和（ＩＮＡ）　湾岸戦争後につくられたイラクの反体制組織・政党。リーダーのアッラーウィーはシーア派だが、スンナ派も参加する世俗的グループ。アラビア語の「ウィファーク」(協和)の名でも知られる。

▼ダァワ党　正式にはイスラーム・ダァワ党。一九五〇年代後半にムハンマド・バーキル・サドルらイラクのシーア派ウラマーを中心に結成される。ダァワはアラビア語で「呼びかけ、宣教」の意味。フセイン時代には弾圧を受け、メンバーの多くはイランに逃れた。

イラク統治評議会

二〇〇三年七月、CPAのもとイラク人の統治組織として、イラク統治評議会が結成された。メンバーは二五人、シーア派が一三人、スンナ派アラブ人が五人、クルド人が五人、それにアッシリア人(キリスト教徒)が一人、トルコマン人が一人という割り振りである。また女性も三人(シーア派二人とトルコマン人一人)含まれていた。

人選をみると、やはり亡命イラク人が多く選ばれている。イラク国民会議のチャラビーやイラク国民協和▲のアッラーウィーといった世俗的シーア派のほか、ダァワ党▲のジャァファリー、イラク・イスラーム革命最高評議会▲のハキームなど、シーア派宗教組織のメンバーも選ばれている。さらにクルド人組織からは、すでにクルディスタン地域を二分して事実上の自治政府を構成していたクルディスタン民主党▲のバールザーニーとクルディスタン愛国同盟▲のターラバーニーらが参加した。

前政権にかかわっていた人物のなかからはハーシミー▲が選ばれた。前政権高官で評議会にはいったのは唯一彼女だけであったが、二〇〇三年九月、なにも

▼イラク・イスラーム革命最高評議会　一九八二年にムハンマド・バーキル・ハキームらイスラーム法学者たちによってイラン・イスラーム共和国の支援を受けてテヘランで結成される。イランの公式イデオロギーである「法学者の統治」論に強い影響を受けている。二〇〇七年には名前から「革命」をとって「イラク・イスラーム最高評議会」に改称している。

▼クルディスタン民主党(KDP)　イラクからのクルド人地区の独立をめざし、一九四六年に結成。

▼クルディスタン愛国同盟(PUK)　一九七五年KDPから分離独立したクルド人の政治組織。KDPとは長く対立関係にあった。

▼アキーラ・ハーシミー(一九五三〜二〇〇三)　シーア派で、フランス留学の経験があり、イラク外務省に長く勤務、フセイン政権では石油食糧交換プログラムを担当していた。

のかに襲撃され、そのときのケガがもとで死亡した▲。評議会メンバーで殺害されたのは彼女だけではない。同じくシーア派のイッズッディーン・サリームも二〇〇四年五月に暗殺されている。ハーシミーが内部の人であったのに対し、イッズッディーンは外の人間であった。つまり、内部の人間も外部の人間も、統治評議会にいるかぎり、それだけでアメリカ軍に協力する傀儡とみなされていたのである。

統治評議会は発足後ただちに、初代議長にダァワ党のジャァファリーを選び、憲法制定の準備にとりかかるとともに、九月には暫定内閣を組織した。この閣僚の構成が、人数のみならず、宗派・民族・宗教ともに統治評議会のそれとぴったり一致しているという事実は、暫定内閣が統治評議会のコピーにすぎず、イラクの現状を適確に反映したものではないことを意味している。とはいえ、複雑な人口構成をもつイラクが新政権をそう簡単に軌道に乗せることができるはずもなく、当面CPAと統治評議会がタッグを組み、ときには足の引っ張り合いをしながら進めていくしかなかった。

しかし、イラクが進むべき方向にかんしては、アメリカも亡命イラク人も国

▼ハーシミー暗殺事件　特定個人をねらった暗殺事件は、新生イラクではこの事件が初めてであった。脱バァス党政策とは明らかに矛盾する彼女の抜擢。犯人はわかっていないが、旧政権残党のしわざではないかといわれている。裏切り者に対する報復、あるいは旧政権のなかで彼女ひとりだけがいい目をみていることへの嫉妬であろうか。

内残留組も、基本的にちがいはなかった。すなわち、アメリカによる占領体制の終結と民主的に選ばれたイラク人による正統政府の樹立が、彼らのめざすところである。これ以降のイラク国内の動きでは、この二つの目標をいかにタイムテーブルどおりに実現させていくかが、もっとも重要なポイントとなっていく。だが、各政治勢力の思惑のちがいや宗派対立・テロの激化、進まない経済再建によって、イラクはつねに迷走する。この迷走はイラク再生への、産みの苦しみであったが、なかでも最大の障害となったのが、治安の悪化である。

ファッルージャ

二〇〇三年四月のバァス党政権崩壊後、警察組織はほとんど機能しなくなり、イラク各地で掠奪があいついだ。それにかわって、アメリカ軍が治安維持を担わざるをえなくなるが、彼らがイラク国民のニーズを正しく把握できるはずもなく、またコミュニケーション不足から相互に深刻な誤解が発生するなど、双方のあいだに良好な関係を構築するのは極めて困難であった。

二〇〇三年四月のバグダード陥落後、アメリカ軍はバグダード西方にあるラ

▼ラマーディー県　バグダード西方約五〇キロに位置する。同県はスンナ派アラブ人の多い場所で、しばしば「スンナ派トライアングル」と呼ばれる（四九頁図参照）。

マーディー県▲の中心都市、ファッルージャにはいり、そこの学校を基地として使用することにした。そこで事件が起きた。四月二十八日、ちょうど学期が始まるころだったので、ファッルージャ住民数百人がその日、学校前に集まり、アメリカ軍に対し学校からでていくよう抗議デモをおこなったのである（スンナ派地帯らしく、フセインの誕生日を祝う集会だったとの説もある）。だが、ここから先は藪のなかだ。アメリカ軍は、住民側が先に発砲、あるいは挑発した、攻撃は正当防衛だったと主張する一方、住民側はもちろん、アメリカ軍が先に、しかも無防備の一般市民に対し手を出したと主張する。いずれにせよ、アメリカ軍と住民側で衝突が発生し、住民側一七人が死亡、七〇人以上が負傷するという大惨事になった。

どちらのいい分が正しいかの検証は困難だが、この事件をきっかけに、多くのイラク人、とくにファッルージャの人びとのあいだに、アメリカ軍は解放軍ではなく占領軍である、という憎しみの感情が深く刻まれてしまった。反米感情はその後も住民のあいだにくすぶり続け、ファッルージャの町はやがて反米抵抗運動のシンボルとなっていく。

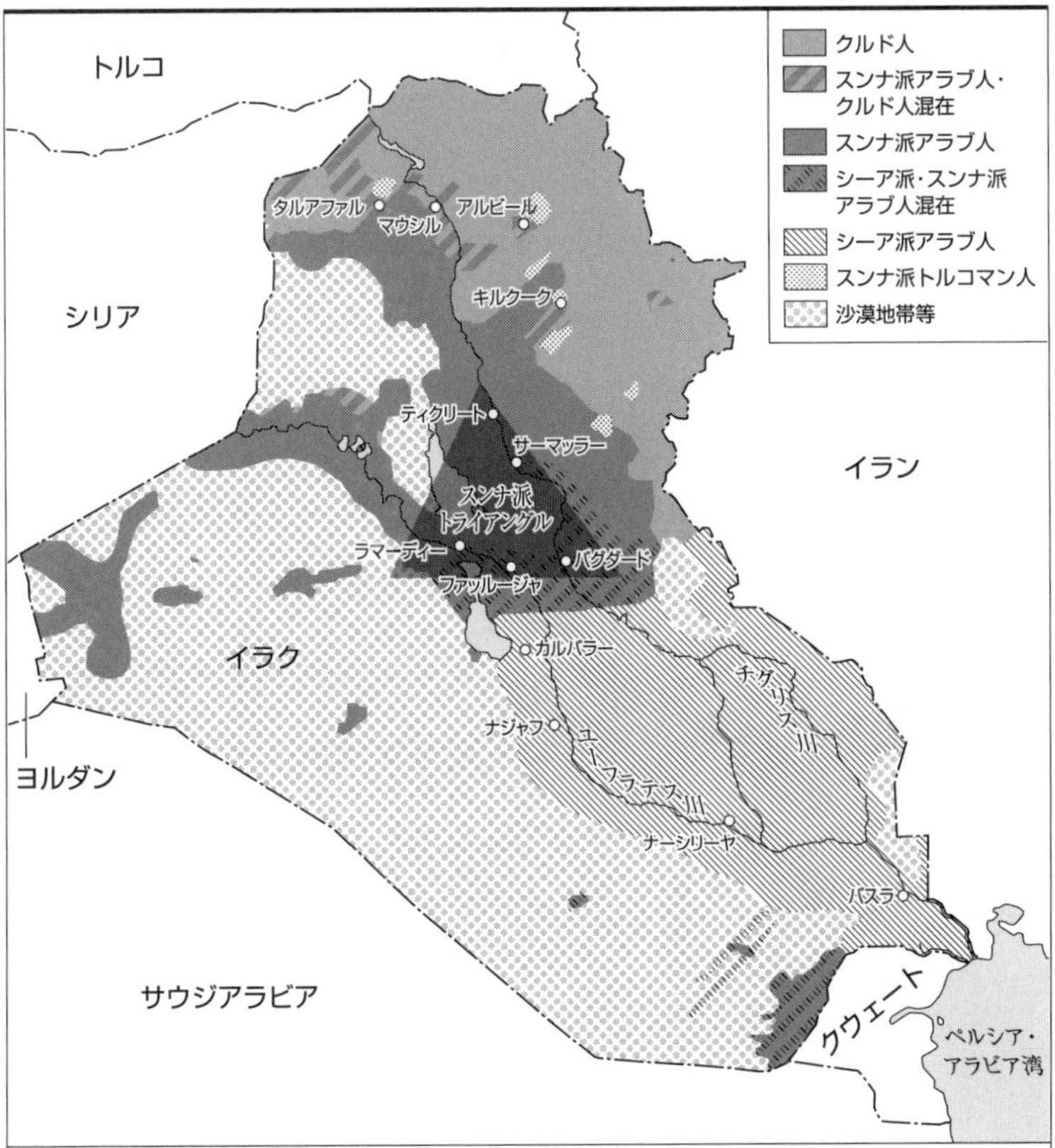

●——**イラクの民族・宗派地図**　イラクの複雑な民族・宗派構成。北部とクルド人などの非アラブ系住民、南部にはシーア派のアラブ人が多数居住する。このシーア派アラブ人が最大人口を誇り、総人口の約五五%を占める。ついでスンナ派のアラブ人が二〇%弱、さらに一五%のクルド人のスンナ派、五%のクルド人のシーア派と続く。スンナ派アラブ人は中央部から北に広がる。首都バグダードは多民族・他宗派・他宗教が混在する。

　この事件からほぼ一年後の二〇〇四年三月三十一日、アメリカ軍と契約していたアメリカの民間軍事会社ブラックウォーター社▲の車両が襲撃され、乗っていた警備員四人が武装勢力によって殺害された。ファッルージャの住民が遺体を蹂躙する模様はテレビなどをつうじて全世界に流され、アメリカ人を震撼させた。「殉教者アフマド・ヤーシーン部隊▲」を名乗る組織から犯行声明が出されたが、実際に彼らの犯行かどうかはわかっていない。

　この陰惨な事件に対しアメリカ軍は過敏に反応した。すぐに彼らはファッルージャの包囲を開始、空爆を含めた大規模な攻撃をしかけ、住民側に数百人の死傷者を出した。ファッルージャ側からの抵抗は激しく、十二月までに六〇〇〇人の民間人が殺害され、一万戸の家屋が破壊されたといわれている。

　ファッルージャは前述のとおりアメリカ軍に対する抵抗のシンボルとなり、ここに多くの武装勢力がはいりこみ、アメリカ軍やその支援を受けたイラク治安部隊に対し、毎日何十件もの攻撃を加えることになる。さらに、外国の民間人が誘拐や殺害の標的になるという事件が頻発した。▲

▼ブラックウォーター社　現Xeサービシズ。アメリカ海軍特殊部隊出身のエリック・プリンスによって設立された。ファッルージャでの事件では同社警備員四人の遺体が燃やされ、市内を引きずりまわされたあげく、ユーフラテス川にかかる橋に吊るされた。

▼殉教者アフマド・ヤーシーン部隊　アフマド・ヤーシーンはパレスチナのイスラーム組織であるハマースの創設者にして精神的指導者。彼は二〇〇四年三月にイスラエル軍によって暗殺されたばかりであった。ただ、イラクにおける同部隊の実態は不明。

▼外国人誘拐事件　さまざまな武装勢力が誘拐・殺害事件に関与、二〇〇四年四月には二度にわたり日本人計五人が誘拐されるという事件が発生した。しかし犠牲になったのは遊士連合に参加した国の国民だけでなく、占領では直接関係のない国の人びとも多数含まれていた。

アブーグレイブ刑務所とブラックウォーター社

ファッルージャの事件とほぼ同じころ、アメリカ軍に対するイラク人たちの嫌悪感をさらに増大させる事件が起きた。バグダード西方のアブーグレイブにある刑務所に収監されていたイラク人捕虜に対するアメリカ側からの大規模、かつ組織的とも思われる虐待が発覚したのである。▲

被害者には、男性捕虜だけでなく、女性も多数含まれており、彼女たちの多くは性的暴行を受けたといわれている。また、虐待したアメリカ軍側にも女性が含まれており、事件をより一層無残なものにしてしまった。イラクを含むアラブ諸国はもともと男性優位の社会であり、そうした価値観のなかで、アメリカ人女性にイラク人のムスリム男性が辱めを受けるというのは、まさに屈辱そのものであった。アブーグレイブの事件が、アメリカ人への憎悪をアラブ世界全域に深く刻み込み、雪辱のために多くのテロリストをイラクに呼び寄せてしまったことはまちがいない。

アメリカ軍は軍法会議で虐待にあたったとして一一人の兵士に有罪判決をくだした。この虐待事件で多くのイラク人捕虜が殺害されたことは明らかである

▼**アブーグレイブ虐待事件**　アメリカ軍はすでに二〇〇四年初頭にアメリカ軍兵士によるイラク人虐待があったことを公表していたが、事件が大事になったのはアメリカのテレビ局CBSが四月に報じて以降であった。たんなる暴力による虐待だけでなく、精神的虐待・性的虐待など文字にすることすらはばかられる残虐なケースが、写真やビデオとともに公開されていった。

が、罪状に殺人は含まれておらず、もっとも重い判決でも懲役一〇年であった。▲

アメリカ軍はこうした捕虜の虐待だけでなく、文字どおり殺人に等しい行為もイラクでおこなっていた。もともと誤射・誤爆の類は数え切れず、そのたびに一般市民が犠牲になっていたわけだが、実際には意図的ともとられかねないような攻撃もそのなかに含まれていたのである。二〇一〇年にウィキリークス▲によって公開されたバグダードでのアメリカ軍ヘリコプターによる民間人に対する攻撃（〇七年）の映像は、こうした誤射、あるいは無差別攻撃が氷山の一角にすぎないことを疑わせるに十分なものであった。

もう一つ、アメリカの名誉やイラク戦争における大義を傷つける事件が同時期に進行中であった。前節で名前を出した民間軍事会社、ブラックウォーター社（五〇頁参照）の警備要員が二〇〇七年五月、バグダードでイラク人一七人を殺害する事件が発生したのである。▲

この事件は二重の意味で重要であった。一つはアブーグレイブ事件と同様、アメリカの威信を著しく傷つけたこと。もう一つは一民間企業がアメリカの軍事戦略の重要な一部を担っていることを世界に知らしめたことであった。ブラ

▼軍法会議の有罪判決　有罪となった最高の階級は中佐であり、もちろん、アメリカ軍や国防総省の幹部が責任を問われることもなかった。

▼ウィキリークス　政府や企業などの機密情報を公開する目的でつくられたウェブサイト。機密情報は、基本的に内部からの密告で成り立っている。ウィキリークスには、アフガニスタン戦争・イラク戦争関連で大量の機密文書が公開されており、ウィキリークスそのものの是非はともかく、調査・研究にとっては、極めて重要な素材を提供してくれている。

▼ブラックウォーター社事件　同社は当時、アメリカ国務省関係者の乗っている車列を警備中だったのだが、突然沿道にいた市民に発砲、手榴弾を投げつけ、多数の死傷者を出したのである。同社は当初、正当防衛を主張していたが、イラクによる捜査でも、アメリカ側の捜査でも、その主張にほとんど根拠はないとされた。

ックウォーター社を含む民間警備会社の要員は一時、アメリカ軍と匹敵する人数がイラク国内に配備されていたが、彼らはイラク国内法に縛られることなく、またアメリカ軍の管理も受けず、完全に野放し状態であった。しかも、彼らは高給で、これがアメリカの占領経費を圧迫する原因にもなっていた。

一般のイラク人からみれば、ブラックウォーター社のメンバーはたんなる無差別殺人の犯罪者であり、その犯罪者によって警護されているアメリカがイラクの生殺与奪の権を握っているというのは、まさに屈辱であった。

ファッルージャが反米や反占領の戦いのシンボルとなっていくなか、そこに吸い寄せられるように多くの武装勢力がこの地域に流入してきた。なかでも注目すべきが、すでに言及したヨルダン人テロリスト、ザルカーウィーであった。

ヨルダン人テロリスト、ザルカーウィー

前述のとおり、ザルカーウィーとカーイダのつながりは、アメリカの対イラク攻撃の重要な大義の一つであった(二六頁参照)。たしかに、九・一一事件のとき、ザルカーウィーとその一味はアフガニスタンにおり、アメリカのアフガ

▼タウヒード　アラビア語で「一であること」を表し、具体的には「神が唯一であること」「神の唯一性」を意味する。「神の唯一性」はイスラームのもっとも重要な信仰の柱である。

ニスタン攻撃をきっかけに、イランを経てイラクに潜入したことはまちがいない。しかし、ザルカーウィーのグループは当時「タウヒードとジハード」という名で呼ばれており、決してカーイダを名乗っていたわけではないのである。

事実、二〇〇四年十月、ザルカーウィーの組織はインターネット上のアラビア語掲示板でカーイダの指導者ビン・ラーデンに忠誠を誓うという声明を出した。つまり、ザルカーウィーたちは、この時点で初めてカーイダの傘下に入ったことになる。そうだとすると、パウエル長官らが対イラク攻撃の大義として掲げていた、カーイダのメンバーであるザルカーウィーがイラクで活動しているというロジックはまったく意味をなさなくなる（二九頁参照）。同長官は、ザルカーウィーがパレスチナ人で、イラク政府とも共闘していたと主張していたが、これらがすべてまちがいだったこともやがて明らかになっていく。アメリカのイラク攻撃の錦の御旗であった大量破壊兵器は結局存在せず、またザルカーウィーがカーイダとも、またイラク政府とも関係ないとすると、アメリカの対イラク攻撃の根拠は完全に破綻したことになる。

むろん、だからといってザルカーウィーのイラクにおける活動を無視していいわけではない。実際、彼の活動は、九・一一事件以降、中東やそれ以外の世界におけるジハード主義によるテロの象徴となっていったのである。

ザルカーウィーは、ザワーヒリーやビン・ラーデンよりは下の世代に当たる。これはたんに年齢の問題ではなく、ジハード主義の運動に携わる人びとの階層とも密接にかかわる。既述のとおり、ザワーヒリーは知的エリート、ビン・ラーデンは財閥出身というように、もともとイスラームを掲げた反体制・反政府運動は、高等教育を受けた、世俗的で、しばしば理系のエリートたちの運動という性格を帯びていた(三一頁参照)。ところが、九・一一やイラク戦争後に頻発したテロの首謀者・実行犯たちの多くが、それとは正反対の階層に属していたのである。▲

ザルカーウィーのような若者にとっては敵は誰でもよかったし、戦場もどこでもよかったのだろう。逆説的にいえば、暴れる大義さえあれば彼らがいける場所が戦場となり、そこにいる異質な要素が敵となったのである。そして流れ流れてイラクにきたからには、イラクが戦場となり、アメリカ軍を中心とする占領軍や、彼らからみれば異教徒にほかならないシーア派政権が彼らの敵とな

▼次世代のジハード主義者　ザルカーウィーはその典型であった。彼は高校を中退したあと、地元のワルを集めたゴロツキ集団の頭目となっている。また、腐敗堕落した政権を打倒し、正しい政府を建設するといった伝統的な反体制思想をもつわけでなく、むしろ憧れのような感情を抱いてアフガニスタンやチェチェンでのジハードを夢みていた。

った。つまり、攻撃する側と敵や戦場との関係が非常に曖昧であったのである。これらは、たとえば自爆テロリストにもしばしばみられる現象である。

もう一つ、ザルカーウィーで特徴的なのは、その残虐な手口である。なかでも、外国人を誘拐して殺害するという戦術を頻繁に用いたことは世界を震撼させることになった。誘拐した人質の外国人に、ビデオの前で命乞いをさせ、その映像をインターネットを使って世界中にばらまく。さらに自分たちの要求が受け入れられないと、ナイフで首を切断するなどして、人質を殺害するのだが、その場面も撮影し、それをまたインターネットで公開したのである。このようなやりかたで殺害されたのはアメリカ人やイギリス人だけでなく、トルコ人・ブルガリア人・韓国人・さらに日本人▲までもが犠牲になってしまった。

こうした手口は、ザルカーウィーの発明ではなかったが、やがて彼やその組織(カーイダのイラク支部)の代名詞となっていった。それだけでなく、この手法はイラクで活動していた他のテロ組織にも波及、さらにはイラクをこえ、サウジアラビアやチェチェンにまで広がっていったのである。

▼日本人青年誘拐殺害事件　二〇〇四年十月、日本のバックパッカーの若者がイラク入国直後に誘拐され、ザルカーウィーの組織名で、四十八時間以内に自衛隊をイラクから撤退させないと、人質を殺害するという脅迫の声明がインターネット上に公開された。当時の小泉首相はこの要求を拒絶、若者は首を切断され、殺害された。別の日本人誘拐事件を含め、日本国内では「自己責任論」と自衛隊のイラク派遣の是非が主として議論された。

脱占領への道

イラク統治評議会は、治安の悪化と民族・宗派対立の激化に悩まされながらも、二〇〇三年十一月、憲法制定と議会選挙実施のため「移行期間のためのイラク施政法（基本法）」をつくった。この基本法は、イラク暫定政府の樹立・国民議会実施・憲法草案の起草・新政府発足というロードマップを描いたもので、以後、イラクはよたよたとこの道筋を進んでいくことになる。まず、〇四年六月、国連の主導でスンナ派のヤーウェル▲大統領・シーア派のアッラーウィー▲首相をはじめとする暫定政府が成立し、CPAから統治権限が委譲された▲。

二〇〇五年一月には憲法制定のための制憲議会の選挙が実施され、同年四月に移行政府が成立（クルド人のターラバーニーが大統領、シーア派のジャァファリーが首相）、さらに十月には新憲法が国民投票で承認された。十二月にはその新憲法にもとづき国民議会▲の選挙がおこなわれ、翌年五月、ターラバーニーを大統領、シーア派のマーリキーを首相とする新政府が発足した。これでイラクの民主化プロセスはいちおうの完成をみる。

形式上、イラクは民主的なプロセスをたどっているようにみえるが、実際に

▼ガージー・ヤーウェル（一九五八〜　）　イラクの政治家。サウジアラビアやイギリス・アメリカで学んだのち、サウジアラビアで働き、サウジ国籍を取得。フセイン政権崩壊後、イラクに戻り、イラク統治評議会メンバーになり、暫定政府の大統領となる。ヤーウェル家はイラクからサウジアラビア・シリアまで広がるシャンマル族の族長の家系。

▼イヤード・アッラーウィー（一九四四〜　）　イラクの富裕なシーア派一族に生まれ、イラクとイギリスで医学を学んだ。一九八〇年代ぐらいからイラク国外で反体制活動に従事、イラク国民共和（INA）のリーダーとなる。イラク戦争後はスンナ派を含む世俗的勢力を糾合した政党イラーキーヤを率いた。

▼統治権の委譲　これによってイラクは形式上、完全な主権を回復することになる（CPAは解散）。

▼国民議会　アラビア語名を直訳すると、代議員議会。日本の国会に相当する。現在の定員は三二五議席、非拘束名簿式比例代表制で選ばれる。

はかなり蛇行せざるをえず、その後の選挙経験のなかでもイラクがかかえる本質的な問題があらためて浮き彫りになっていった。宗派・民族対立▲である。イラク人の投票行動は、各政党の政策ではなく、やはり宗派・民族に依拠していたのだ。結果的にみると、民主化プロセスがイラク国内の民族・宗派対立をあぶりだし、それまでのイラク人、およびイラクに流入した外国人ムスリム対アメリカを中心とする占領軍という単純な対立構造は、錯綜したイラク国内の民族・宗派対立とからみ合ってますます複雑化していった。民主化プロセスの進展と同時期に国内の対立が激化し、イラクが実質的に内乱状態に陥っていったのは決して偶然ではない。

もちろんイラク国内の対立構造は、宗派や民族だけでかたづけられるほど単純なものではない。各宗派・各民族内部での対立▲も非常に激しいものであった。

一方、二〇〇四年ごろから急激に悪化しはじめた治安状況は、〇六〜〇七年に最悪の時期をむかえた。アメリカ軍だけで年間一〇〇〇人近くの犠牲者を出し、イラク人の死者にいたってはこの時期、月間三〇〇〇人をこえることすらあった。

▼宗派・民族対立　最初の選挙ではスンナ派アラブ人の多くがボイコットしたため、議会の勢力図が人口構成を反映しないものになっていたが、その後二〇〇五年十二月の国民議会選挙、〇九年の地方議会選挙、一〇年の国民議会選挙と、勢力図はイラクの民族・宗派構成を反映したものに近づいていった。

▼各民族間内部での対立　各宗派の対立と異なる点は、各宗派の下部構造とでもいうべき位置づけであり、その多くは、たとえば、シーア派内部で深刻な対立があっても、スンナ派からの攻撃を受ければ、当面の対立はひとまずおいておいてシーア派として団結するという類のものである(例外も少なくないが)。

こうした事態を受け、二〇〇七年一月、アメリカとイラク政府は大量の部隊を動員した強力な治安作戦を開始した。この方法はイラクや国際社会だけでなく、アメリカ国内からも激しい反発を受けたが、結果的にみると、これをきっかけにイラクでは死傷者数が急激に減少していく。

治安の改善にはアメリカ軍が地方部族を組織化して、彼らに金や武器を与え、それぞれの勢力下で非公式の暴力装置▲として治安維持にあたらせるという戦術をとりはじめたことも大きい。また、絶えまなく続く暴力の連鎖に多くのイラク人たちが嫌気をさし、武装勢力への共感が失われてきたことも指摘できる。

そしてなにより、カーイダ・イラク支部のリーダー、ザルカーウィーが二〇〇六年六月にアメリカ軍の攻撃によって殺害されたことが大きい。カーイダがこの強烈な「顔」を失ったことは、リクルートなどでの求心力を失うことでもあり、また一般市民を恐怖させる象徴がくずれたことでもある。それが中長期的にイラクのカーイダ衰退につながったのはまちがいないだろう。

イラク国内の治安情勢は地域差が激しく、イラク戦争以前から実質独立状態にあった北部のクルド自治区は、イラク中部が泥沼化していたなかでも、比較

▼非公式の暴力装置　暴力装置とは一般に警察や軍など「実力」を用いて法を執行する機関を指す。イラクにおけるこの治安組織は「覚醒評議会」と呼ばれた。

的安定を維持していたし、南部のシーア派地域でも治安権限が有志連合からイラク側に順調に移譲されていた。たとえば、日本の陸上自衛隊が派遣され、人道復興支援にあたっていた南部のムサンナー県では、他の県に先駆け、二〇〇六年七月に治安を担っていたイギリス軍などからイラクの治安部隊に治安権限が移譲されている。その後、ジーカール県、ナジャフ県と、安定してきたと判断された地域から随時治安権限がイラク側に移譲され、〇八年九月にはかつてスンナ派武装勢力の拠点でもあったファッルージャのあるアンバール県でも治安権限の移譲がおこなわれた。

アメリカ軍の撤退

二〇〇七年夏以降のイラクにおける治安状況の改善はその後も続き、イラク国民議会は〇八年十一月、アメリカ軍駐留にかんする地位協定案▲を採択した。そして、二〇〇九年六月三十日、この協定にもとづきアメリカは戦闘部隊をイラクの都市部から撤収、郊外の基地に再配置させた。さらに翌年八月十八日には、イラクに駐留していたアメリカ軍のすべての戦闘部隊がイラクから撤退

▼**地位協定案**　協定は、すべてのアメリカ軍の戦闘部隊が二〇〇九年六月三十日までにイラク都市部から撤収すること、また一一年十二月三十一日までにイラク全域から撤収することなどを定めており、イラク側の要求をある程度くんだものになっていた。

した。一時、一七万人にまで膨らんでいたイラク駐留のアメリカ軍は五万人にまで削減された。残留部隊は九月から「イラクの自由作戦」を引き継いだ「新しい夜明け作戦」のもと、イラク軍や治安部隊の訓練、対テロ支援任務に従事することになった。アメリカのオバマ大統領は二〇一〇年八月三十一日、ホワイトハウスでアメリカ国民向けの演説をおこない、イラク駐留アメリカ軍の戦闘任務が完了したことを公式に発表した。一方、イラクではマーリキー首相が同日、テレビをつうじて国民向けの演説をおこない、イラクの主権回復を誇らしげに宣言した。

③―アラブの春

中東の民主化運動

「独立」は果たしたものの、イラクはその後も宗派対立や政治勢力間のポスト争いなどでドタバタを繰り返していた。それとちょうど同じころ、イラクのはるか西にあり、同じアラブの国であったチュニジアで大変な事件が起こっていた。ただ、最初のきっかけは本当に小さいもので、のちのち大事になるとは、この時点ではだれも想像すらしていなかった。

それは二〇一〇年十二月十七日、シーディー・ブージードというチュニジアの小さな町で起きた事件であった。ムハンマド・ブーアジージーという露店で野菜や果物を売っている若者がいた。彼がいつもどおり商売をしていると、女性の警察官が当局の許可がないとしてブーアジージーの商品を没収してしまった。彼は絶望し、焼身自殺をはかった、というのが粗筋である。あるいは女性警察官に平手で殴られたため、屈辱のあまり自殺したという説もある。▲ いずれにせよ、この事件を契機に小さな町は大騒ぎになる。多くの人びとが抗議のた

▼**ブーアジージーの焼身自殺**　ただし、女性警察官は一貫して殴ったことを否定していた。裁判の結果、彼女は無罪となり、法律的には殴っていないことになった。また、ブーアージージーが大卒の失業者であるとの説が流れていたが、これもまちがいで、実際には学校をドロップアウトしたプロの露店商であった。

め、市庁舎におしかけ、当局の非道を糾弾したのである。

これだけみれば、そうめずらしい話ではない。チュニジアではこうした小さな抗議運動は各地で起きていたからである。だが、このシーディー・ブージードでの抗議活動は、この小さな町にとどまらず、インターネットなどをつうじてあっというまにチュニジア各地に拡大してしまったのだ。実際、インターネットの動画投稿サイト、ユーチューブなどでは、シーディー・ブージードでの騒動の模様を撮影したビデオ映像を多数、検索できる。最初の映像がどれで、そこからどういう経路をへて情報が拡散していったのか、おそらく今後さまざまな検証が進んでいくだろうが、本来、情報の自由な流れを基本とするはずのインターネットが、独裁国家チュニジアのような情報のもっとも規制された場所においてもっとも強い政治力を発揮できたというのは興味深い現象といえる。

あわてふためいたベンアリー▲大統領が病院にブーアジージーをみまいに訪れたが、このときにはもはやときすでに遅く、小さな混乱は大きな暴動となり、コントロール不能の状態に陥っていた。二〇一一年一月四日、ブーアジージーは死亡、その一〇日後、民衆の怒りに圧倒され、また頼みの綱であった軍部に

▼**ゼイヌルアービディーン・ベンアリー**(一九三六〜) チュニジアの軍人・政治家。一九八七年、当時のブーラギーバ大統領から権力を奪って大統領に就任。二十三年間にわたり独裁体制をしき、チュニジアに君臨した。

見離されたベンアリー大統領は家族とともにサウジアラビアに亡命したのである。ブーアジージーが焼身自殺をはかってから一カ月、二〇年以上チュニジアに君臨していた独裁者の最後としてはまことにあっけないものであった。

チュニジアで独裁体制を崩壊に導いた民衆の力は、あっというまに周辺のアラブ諸国に伝染、チュニジアと似たような政治体制をもつエジプトでは、チュニジアの「革命」に触発された若者たちがインターネットのソーシャル・ネットワーキング・サービス（SNS、八三頁参照）を使って抗議デモを組織しようとしていた。実際、その呼びかけに応じて二〇一一年一月二十五日、エジプトで大規模な反ムバーラク▲大統領のデモが勃発した。それからわずか三週間足らずで、ムバーラク大統領も権力の座を離れることになる。ムバーラクが大統領に就任してから三〇年目のできごとであった。チュニジアの政変は、西側諸国ではしばしばジャスミン革命と呼ばれるが、チュニジアではたんにチュニジア革命と呼ばれたり、尊厳革命とか自由革命などと呼ばれている。一方、エジプトのそれは、最初の大規模デモの日付から一月二十五日革命と呼ばれる。

のちに「アラブの春」と称されるようになるこの現象は、やがて桁外れに豊

▼ムハンマド・ホスニー・ムバーラク（一九二八〜　）　エジプトの軍人・政治家。八一年にサーダート大統領が暗殺されたことを受け、大統領に就任。二〇一一年二月辞任。

●—**チュニジア革命**　二〇一〇年十二月十七日に始まった暴動はわずか一〇日でほぼ全土に拡大した。

●—**一月二十五日**（エジプト）**革命**　タフリール広場に集った群衆。「タフリール」はアラビア語で「解放」の意味で、エジプトの革命の象徴的な場となった。

かなカタルやアラブ首長国連邦▲を除くすべてのアラブの国に波及、各地でデモが頻発し、しばしば治安部隊と民衆側が衝突、多数の死傷者を出す歴史的な事件へと発展していった。もちろん「革命」が進むなか、チュニジアやエジプトでもそれぞれ約一五〇〇人、約三〇〇〇人の死者を出している。この数字は犠牲者の数として決して小さくはないが、それでも騒乱が深刻化した他の国々と比較すれば、はるかに少ないものであった。

とくに深刻だったのは、チュニジアやエジプトと同様、長期独裁体制であったリビア・シリア・イエメンであった。リビアでは騒乱開始直後から、ガッザーフィー▲革命指導者側が反体制勢力を武力で弾圧、それに対し反体制派が暫定国民評議会を結成してリビアの唯一の合法政権を宣言し、NATO軍や一部のアラブ諸国がその国民評議会を軍事的・財政的に支援するという構図ができた。これによってリビアは東西を分断するかたちで激しい内乱状態となったが、しばらくすると膠着状態に陥ってしまう。一時は、このままリビアは連邦制になるのではといった観測も流れたが、二〇一一年八月になって暫定国民評議会側がNATOのバックアップを受け、攻勢を強めたため、ガッザーフィー率いる

▼カタルやアラブ首長国連邦の状況 ただし、アラブ首長国連邦でも、政治改革を求める声がフェイスブックなどであがり、その結果、研究者やブロガーが逮捕されている。フェイスブック上での体制批判はカタルにかんしてもちらほらみられたが、それが現実の政治運動につながっていったかどうか、カタルからは今のところいっさい報道がない。

▼ムアンマル・ガッザーフィー（カダフィー、一九四二〜二〇一一）　リビアの軍人・政治家。一九六九年の軍事クーデタで政権を奪取。「ジャマーヒリーヤ」という直接民主制的な政治制度をひくが、実質的にはガッザーフィーの独裁政権であった。日本のメディアではしばしば「カダフィー大佐」と表記される。欧米諸国を標的にしたテロに関与したことで知られている。

現体制は事実上崩壊した。彼はその後しばらく潜伏していたが、十月になって生まれ故郷のシルトで発見され、殺害された。さしものガッザーフィー体制もこれで完全に息の根をとめられたことになる。

「アラブの春」の伝播以前から、イエメン北部ではシーア派の一派であるザイド派に属するフーシー派▲がしばしば反乱を起こし、南部では分離独立運動が激化、さらに中部を中心にアラビア半島カーイダがテロを起こすなど、文字どおり渾沌状態であった。さらに「アラブの春」が加わり、新たに親大統領派と反大統領派という対立が渾沌に拍車をかけていく。二〇一一年六月には首都サンアーで発生したロケット攻撃でサーレフ▲大統領自身が重傷を負い、隣国サウジアラビアで治療を受けるため、イエメンを離れざるをえなくなった。この間、サウジアラビアを含む湾岸協力会議▲諸国が調停に乗り出したが、大統領の土壇場での拒絶などもあって状況は二転三転した。しかし、同年九月末にサーレフ大統領が帰国すると、彼とその一族の訴追免除などを盛り込んだGCC調停案にもとづき正式に退陣、一二年二月におこなわれた大統領選挙でハーディー副大統領が大統領に選出された。だが、その後もテロなどで多くの死傷者がでて

▼フーシー派　ザイド派の指導者バドルッディーン・フーシーを支持する人びと。ザイド派イマームの宗教的権威復権をめざし、二〇〇四年以降断続的に世俗政権に対し反乱を起こす。

▼アリー・サーレフ（一九四二〜二〇一七）　イエメンの軍人・政治家。シーア派のザイド派、ハシード部族に属する。一九七八年に北イエメン（当時）の大統領になり、一九九〇年の南北イエメン統一後は、統一イエメンの大統領に就任。

▼湾岸協力会議（GCC）　一九八一年にサウジアラビア・クウェート・バハレーン・カタル・アラブ首長国連邦（UAE）・オマーンの湾岸六カ国で結成された域内協力機構。本部はサウジアラビアの首都リヤード。もともとは、イランのシーア派革命に対する防衛を意図した安全保障の枠組みだったが、関税統合や統一通貨など経済的な一体化の方向にも動いている。

おり、国内の混乱が収束する気配はない。

シリアのバッシャール・アサド▲大統領は在職一一年だが、他の騒乱が起こった国の為政者と比較すると、まだまだ若手である。しかし、彼は大統領であった父のハーフェズ・アサド▲の死で、急遽大統領位を継承しており、アサド家二代によるシリア支配は実際には四〇年という長きにおよぶ。

じつは、チュニジアのベンアリー、エジプトのムバーラク、シリアのハーフェズ・アサド、それにイラクのフセインを加えた四人については、二〇年以上前から、専門家のあいだでは類似の政治体制をもった独裁者としてひとくくりにされることが多かった。社会主義政党からスタートし、自由な選挙をへずに権力を掌握した独裁者、それを支える強力な治安部隊、秘密警察、そして血縁を中心とするインナーサークル。さらに、ベンアリーを除けば、実子が大統領の地位を継承するという観測が国民のあいだで共有されていた。このような体制は、ネオ・マムルーク制や、ネオ・スルターン制▲といった言葉で表現されることからもわかるとおり、実質的には一種の王朝として機能していたといえる。

四人とも権力掌握後は大統領選挙、大統領信任投票を経験し、多選を繰り返

▼バッシャール・アサド（一九六五〜　）　シリアの政治家。ダマスカス大学医学部卒業後医師となるが、二〇〇〇年、父の死を受け、大統領に就任した。

▼ハーフェズ・アサド（一九三〇〜二〇〇〇）　シリアの軍人・政治家。シリア西部のラタキヤ出身で、イスラームの少数派（異端派といわれることも）アラウィー派に属す。若くしてバァス党に参加、空軍に入ったのち、バァス党によるクーデタで大統領に就任。ムスリム同胞団を弾圧し、レバノンに介入するなど、強圧的な独裁政治をしく。

▼ネオ・スルターン制　アラビア語では、しばしばジュムルーキーヤとも呼ばれる。これは共和国を意味する「ジュムフーリーヤ」と王制を意味する「マラキーヤ」をあわせた造語で、形式上共和制をとりながら、実質的には王制とかわらない政治体制をさす。

していったが、これらはむろん外部からみればまったくの茶番にすぎなかった。どの選挙においても、四人はじつに九〇%をこえる得票率で当選、あるいは信任されている。こうした選挙結果はむしろ彼らの恐怖政治を象徴するものでしかなかった。イラク戦争が始まる直前、イラクのフセイン大統領は、最後の大統領信任投票で、とうとう一〇〇%の信任をえて再選されてしまう。▲

経済面でみると、これらの四カ国、それにリビア・イエメンを含めても、一人当たりGDPはさほど高くない。もっとも高いリビアで一万三〇〇〇ドル程度(IMF、二〇一〇年)、もっとも低いイエメンで二六〇〇ドル(同)である。暴動発生の要因として経済的な理由があったことは十分考えられる。

ただ、「アラブの春」は豊かな湾岸諸国にも波及している。たとえば一人当たり二万六〇〇〇ドルのGDPをもつバハレーンでは二〇一一年二月以降、大規模なデモや集会がおこなわれ、多くの死傷者を出した。もっとも、暴動の主体になったのは、バハレーンで多数派を占めながら、長いあいだ宗教的に差別されてきたシーア派の住民であった。▲事態はかなり深刻化し、最初は改革要求であったのが、しだいに体制批判の色を強めはじめたので、同盟国である

▼大統領信任投票の結果　一〇〇〇万人をこえる有権者が、ひとり残らず全員彼に投票した計算になる。

▼バハレーンのシーア派　バハレーンにおけるシーア派人口については、公式の総計は存在しない。日本のメディアではバハレーンの総人口の七割がシーア派という説が流れているが、五割から六割という評価がバハレーン国内では一般的である。

▼**カーブース・ビン・サイード**（一九四〇〜　）　オマーン南部サラーラに生まれ，一九七〇年父王サイードを宮廷クーデタで廃してスルターン（王）位につき，先王時代の「鎖国政策」から「開放政策」に転換した。

GCCが協調してバハレーン情勢に介入，サウジアラビアやアラブ首長国連邦が軍や警察を派遣するとともに，大規模な経済支援を約束した。

また産油国であり，バハレーンとほぼ同程度の一人当たりGDPを有するオマーンでも，多くの若者が街に繰り出し，政府の腐敗を批判したり，失業対策の実施や労働環境の改善を求めたりするデモをおこなった。初めは平和的なデモであったがやがて一部が暴徒化し，治安部隊と衝突，死傷者もでてしまった。

バハレーンでは一九九〇年代以降，シーア派住民を中心に何度も暴動が発生しており，今回，そのシーア派に「アラブの春」が最初に波及したのはわかりやすい図式であった。他方，オマーンは多くの研究者やジャーナリストにとって，政治的にもっとも安定した国のひとつと考えられていたため，このような事件が起きるとは予想外であった。カーブース▲国王はこうした事態を受けて，内閣改造などいくつかの政治改革を実施し，政府部門での雇用の創出や失業手当の増加など社会サービスの拡充を発表するとともに，それまで諮問機関にすぎなかったオマーン議会に立法権を付与するという勅令を発布した。

今のところ大きな問題にまでは発展してないが，サウジアラビアやクウェートでもデモ▲が頻発している。ともに社会のなかのもっとも脆弱な部分からほころびができた点は要注意であろう。

「アラブの春」とイラク

「アラブの春」は当然のことながら、イラクにも波及していった。早くも二〇一一年二月初頭にはバグダードやバスラ、中部のラマーディーなどで数千人が参加する大規模デモが発生した。しかし、民主化の過程にあったイラクのデモでは、少なくとも初期の段階では、電力不足など遅々として進まないインフラの改善や雇用機会の創出、汚職の撲滅などを求める声が中心であった。チュニジアやエジプトと異なり、体制そのものの変革を求める示威行動でなかった点は、イラクにおける民主化の進展をあらわすものといえる。

一連の騒乱で大きな混乱をきたした国の共通点として、経済的な要因のほかに、すべての政治体制が長期独裁政権、つまり、各国国民が合法的な手段で政権交代をはたすことが不可能だった点をあげられる。しかしイラク人の場合、二〇〇五年、一〇年と自らの意思で政権を選択する機会が与えられたことで、

▼サウジアラビアやクウェートでのデモ　ここでもやはりデモの中心になっているのは、たとえばサウジアラビアでは、東部州に集中する宗教的な少数派であるシーア派住民であり、クウェートでは、クウェートで生まれ育ちながら国籍をもたず、さまざまな差別をこうむっているビドゥーンと呼ばれる人びとであった。ビドゥーンとはアラビア語で「～のない」を意味する前置詞で、この場合は「国籍がない」ことを指す。クウェートだけでなく、湾岸諸国にはビドゥーンが多数存在する。

非合法な手段に訴えることなく、政権を変える権利を有していることを自覚していたはずである。

しかしそうはいっても、マーリキー首相ら政権側がそれをきちんと理解していたかどうかは定かでない。二月はじめこそ、国民の声を聞き、適切に対応すると述べ、デモの鎮圧はおこなわないと殊勝に語っていたが、二月二十五日にイラク各地でおこなわれた「怒りの日」のデモでは、一部が暴徒化したこともあって、あちこちでデモ隊と治安部隊が衝突し、死傷者も多くでてしまった。

イラクにおけるシーア派最高指導者であるシースターニー▲師らからの圧力もあり、マーリキー首相は一〇〇日という期限を設定し、改革を進めると約束したが、実際、その期限になってもはかばかしい成果はえられず、野党勢力はマーリキー政権に対する批判を強めていった。市民によるデモは、サドル派による占領反対のデモを含めその後も継続しており、また彼らの要求も多様化してきている。こうしたデモが、二〇〇六〜〇七年ごろのテロと宗派・民族対立の泥沼を再燃させるかどうか、現時点ではその可能性は高くないと考えられる。政権に対する批判は政府のパフォーマンスに対してであって、政治体制そのも

▼**アーリー・シースターニー**（一九三〇〜　）　一九三〇年イランのマシュハドに生まれるが、その後イラクのナジャフで学び、一九九〇年代には大アーヤトゥッラーとしてイラクのシーア派最高権威の一人となる。フセイン時代には迫害を受けていたが、イラク戦争後、大きな政治的役割をはたすようになった。

のに対する批判ではない。停電など公共サービスの不備への不満や怒りは各宗派・民族で共有されているし、政府を変えることはまだ自分たちの手にゆだねられていると、国民の大半は信じているからだ。だが、マーリキー政権の対応いかんでは、デモの激化による政治の混乱が、戦後復興の足かせとなり、さらに社会の混乱を増幅させてしまう恐れは否定できないだろう。

イラク復興にはこうした政治面でのパフォーマンスの向上が欠かせないが、そのためには経済基盤の拡充が必須である。二〇一一年度の国家財政では黒字を計上したとされ、またGDPもいちおう順調に右肩上がりの成長率を記録している。そしてそれを可能にしているのが、イラク最大の資産である石油だ。イラク政府は一五年までに日量一二〇〇万バレルとか一五〇〇万バレル超の石油を生産するといった夢のような数字を出していたが、もちろん、そううまくいくはずはない。▲パイプラインなど石油インフラに対する攻撃はいぜんとして継続中であり、こうした数え切れない破壊工作が石油産業の復興を妨げていた点は否定のしようがないのである。

前述のとおり二〇〇七年以降、治安が落ち着いてきたにもかかわらず、石油

▼イラクの石油生産量予想　二〇一〇年の国際エネルギー機関(IEA)のひかえめな予測では、一五年までに日量三五〇万バレルにまで到達するとされている。

▼**イラクの石油生産**　しかし、イラクの石油生産はその後順調に拡大、二〇一二年四月には日量三〇〇万バレルをこえた。

の増産はなかなか進まなかった。イラクの石油生産能力は一九七〇年代末には日量四〇〇万バレル程度あったが、その後打ち続く戦争や経済制裁などでどんどん下がり続け、イラク戦争前には二六〇万バレルにまで落ち込んでいた。イラクを占領下においたアメリカは三年程度で生産量を五〇〇～六〇〇万バレルにまで増産できると意気込んでいたが、結局それは絵空事で終わってしまった。二〇一一年には日量でだいたい二六〇～二七〇万バレルを生産しているが、これだとようやくイラク戦争前の水準にもどったにすぎない。▲

石油法をめぐって

石油の生産をさらに拡大して余剰分を輸出し、外貨を稼いでそれを復興にあてるようにするためには、さまざまな条件が必要になる。治安の安定化はその筆頭であるが、石油政策の根幹となる石油法（石油・ガス法、炭化水素法）の制定も欠かせない。ところが、二〇〇三年のフセイン政権崩壊以来、すでに八年も経過しているのに、イラクではいまだその石油法ができていない。この法律をめぐっては多種多様な議論がおこなわれており、簡単にかたづけることはできないので、ここでは二つの議論にだけ集約してみよう。一つは、石油はだれのものかという問題、そしてもう一つはキルクークの帰属問題である。

前者を要約すると、外国資本(外資)の参入をどこまで認めるかという問題になる。中東の産油国の多くは、石油やガス産業▲を多大な労力をはらって国有化してきた歴史があり、イラクもその例外ではない。しかし、戦後の混乱により、イラク単独での石油インフラの修復はままならず、財政や技術面で外資を導入したほうが、安く効率的に施設の建設・生産が可能になるという主張には十分な根拠がある。だが、せっかく苦労して国有化したものをそう簡単に外資にわたしていいものかという議論も説得力がある。したがって、昔ながらの石油利権は難しいにしても、生産分与方式▲まで認めるのか、あるいはサービス契約や技術供与契約でとどめておくべきかというように、どこまで外資を参入させるかで意見が激しく対立し、なかなかまとまらないのである。

アメリカはこの点にかんし一貫して「イラクの石油はイラク国民のもの」という立場を堅持してきたが、これは、アメリカがイラク戦争を起こした目的はイラクの石油であるという根強い批判に対する反論でもあった。ただ、現在議

▼石油やガス産業　ここでは、とくにその上流部門(探査・開発・生産)をさす。

▼生産分与方式　生産した石油やガスを企業と産油国側が分け合うかたちの契約、一方、サービス契約は生産した石油やガスの量、あるいは利益に応じて石油会社側に報酬を支払う方式。

会に提出されている法案はもともとアメリカの企業が叩き台をつくったともいわれているように、基本的には外資をなんらかのかたちで参入させることを前提としたものになっている。このあたり、疑惑をもたれてもしかたないところであるが、今のところアメリカ企業がこれによってとくに有利になっているわけではなく、むしろ開発契約の入札などにおけるプレゼンスは極めて小さい。

外資をどこまで参入させるかという議論はナショナリズムの問題であり、また背に腹はかえられないというイラクの懐《ふところ》事情とのかね合いでもある。実際、問題をより複雑化させているのは、またぞろイラクの宗派対立・民族対立のほうであろう。イラクの油田は北部と南部に集中している（七七頁図参照）。これはつまり、石油がクルド人とシーア派が居住する地域に偏在しているということであり、同時にスンナ派地域には石油が少ないということでもある。新しい石油法で議論の的になっているのは、石油の富をどの程度外国企業と分けるかだけでなく、イラク国内の各宗派・民族でどのように分配するかということでもある。

富の分配問題と直結するだけに、石油法はある意味、憲法以上に宗派・民族

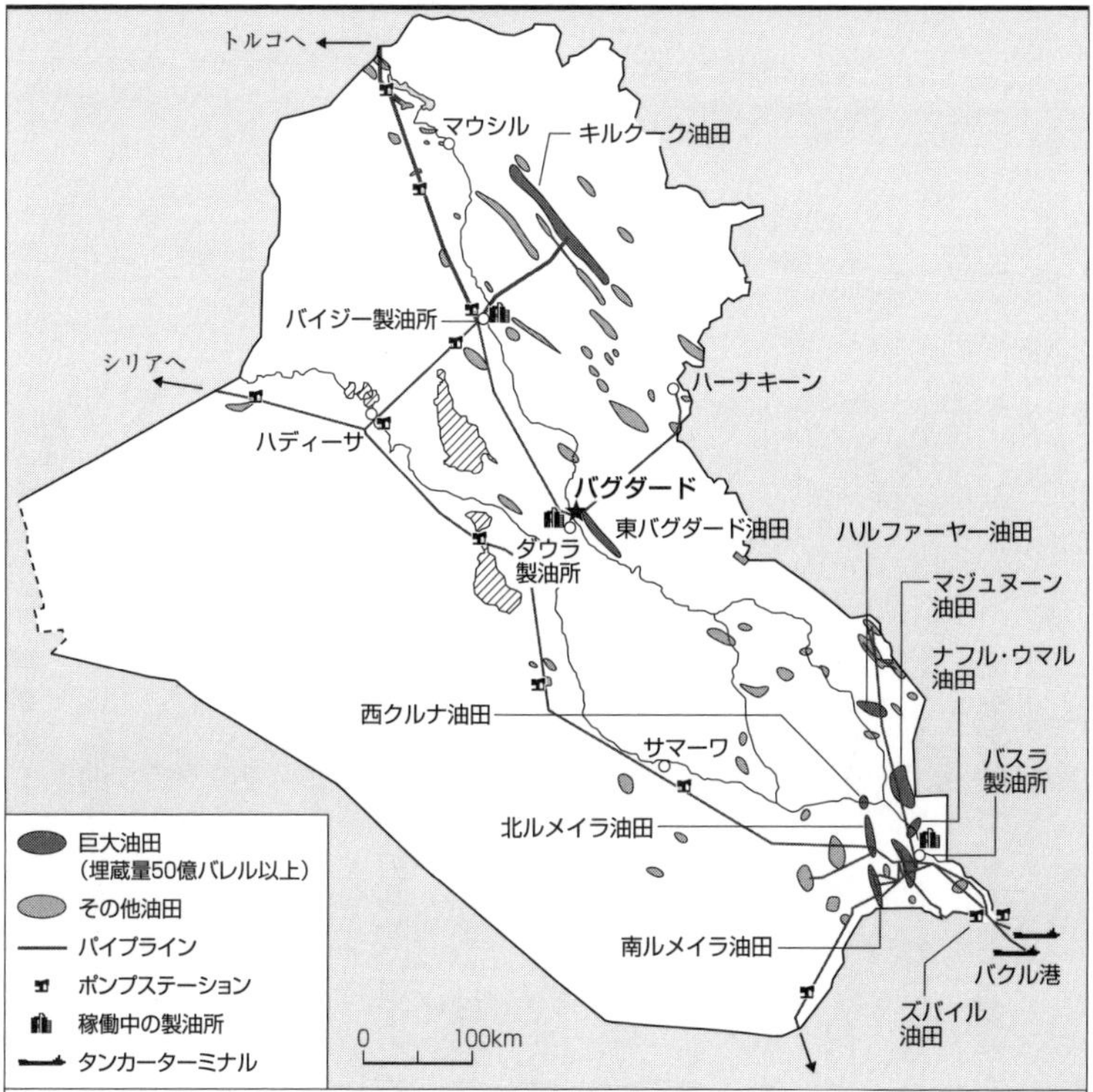

●—**イラクの石油**　二〇一〇年の発表によると、イラクの確認石油埋蔵量は一四三〇億バレル。これはサウジアラビア、ベネズエラについで第三位。

間の対立が先鋭化しやすいといえる。クルド地域はすでに地域政府レベルで独自に石油政策を進めており、中央政府やスンナ派アラブ人たちとの対立が激化してきている。クルドと中央政府、あるいはアラブ人たちとの対立の象徴になっているのが、もう一つのキルクークの帰属問題である。キルクークはもともとクルド人やトルコマン人の居住地域であったが、フセイン時代にアラブ人の移住政策が強制的に進められ、アラブ化されてきた。

現在、キルクークは独立した県を構成しているが、多くのクルド人にとってキルクークはクルディスタン地域の一部でなければならず、そこに、巨大油田やトルコにいたるパイプラインの問題もかかわってくれば、その帰属はクルド人の将来に直接に影響をおよぼすことになる。油田を有するクルド地域とシーア派地域、前者は独立志向が旺盛だが、後者はそれほどでもない。石油をもたないスンナ派アラブ人にとっては「同じイラク人」として石油の恩恵を平等に分配してもらわねばならない。シーア派主体の中央政府はそれらあい反する利害を調整していく必要がある。一筋縄でいく話ではない。

ビン・ラーデンの死

アラブ世界が混乱の真っただ中にあった二〇一一年五月、パキスタンの首都、イスラーマーバードの北約五〇キロメートルにある小都市、アボッターバードでアメリカ軍特殊部隊がある家を急襲した。その家の主は、オサーマ・ビン・ラーデンであった（三頁参照）。作戦はわずか一時間足らずで終わり、彼は、同居していた息子らとともに殺害された。遺体はただちにアフガニスタンに移送され、そこで鑑定がおこなわれたのち、すぐにアラビア海で水葬にされた。作戦名は「ネプチューンの鉾」、作戦中彼は「ジェロニモ」の暗号名で呼ばれていた。遠く離れたワシントンにおいてリアルタイムで作戦を見守っていたアメリカのオバマ大統領は、作戦の成功を確認するとただちにホワイトハウスで緊急演説をおこない、「正義がくだされた」と高らかに宣言した。

九・一一からほぼ一〇年。アメリカの対テロ戦争は、ようやく一つの、そして大きな節目をむかえることになった。アメリカの主張していた大義のうちの最大のもの——九・一一事件の主犯の捕縛・殺害——が達成されたのだ。しかし、オバマ大統領自身も認めているように、ビン・ラーデンの死が対テロ戦争

▼ビン・ラーデンの最後のメッセージ　ふつうワッハーブ派は騒乱・内乱を意味するアラビア語の「フィトナ」につうじるとして、「革命」という単語すら使うのをきらうのだが、彼は「革命の夜明けがチュニジアであらわれた」「偉大な革命が始まった」など臆面もなく「革命」の語を連発していたのである。

の終焉を意味しているわけではない。イラクでも、アフガニスタンでも、またそれ以外の地でも、カーイダの名のもとにテロは続いている。

しかし、民衆の力でつぎつぎ独裁政権が倒された二〇一一年というこの年に、武装闘争という名のジハードを主張していたテロ組織のリーダーが殺害されたことは象徴的なできごとといえよう。少なくともチュニジアやエジプトでの事件は、テロといった手段によらずとも、自分たちの力で体制を変革することができることを世界にみせつけてくれた。おかげで多くの中東の人びとが、もはやジハードを標榜したテロなど必要ないことを理解しはじめたのである。ビン・ラーデンの死後、インターネット上に公開された彼の最後のメッセージは、まさに「アラブの春」にかんするものであり、チュニジアやエジプトの「革命」を礼讃したものであった。▲

アフガニスタン戦争をきっかけにカーイダはアフガニスタンの拠点を失い、九・一一のような、大規模で、象徴的なテロ事件を起こす能力を失っていた。もちろん、テロ事件そのものはこの一〇年間でイラクやイエメン、さらにはイギリスやスペインなど世界各地に拡散していったが、それらの多くはカーイダ本体が直接的にかかわったものではなかったはずである。大半はカーイダの支部や自称他称カーイダ、あるいは欧米で生まれたり育ったりしたムスリム（いわゆる「ホームグローン」）のしわざである。ビン・ラーデンはもう、自分たちの組織の力が、九・一一のような大規模テロをおこなう能力も、イデオロギーの発信力も、一〇年前と比較して大きく減退していることに気づいていたはずだ。彼の死後、アメリカ国防総省が公表したビデオ映像のなかに、殺風景な部屋で帽子をかぶって毛布にくるまりながら、リモコンを手にして自分の映ったビデオを確認している彼の姿があったが、それは、とても世界を震撼させた国際テロ組織のリーダーとは思えない、あまりに寂しげなものであった。

もちろん、ビン・ラーデンの後継者となったザワーヒリー（三一頁参照）は意気軒昂で、二〇一一年二月以来、立て続けに「アラブの春」にかんする声明を出している。手放しで「革命」を賞讃したビン・ラーデンとちがって、ザワーヒリーは、一連の革命がイスラームから離れていることを執拗に批判している。ただこれは、自分たちが革命にかかわることができなかった焦りのあらわれとも解釈できる。ビン・ラーデンの反応のほうが、むしろアラブの民衆の喜びに

▼ホームグローン　「地元出身」を意味する英語。従来欧米などで発生したジハード主義のテロは中東イスラーム諸国の出身者が欧米各国に潜入して事件を起こすのが一般的であったが、ホームグローンのテロでは欧米で生まれたり、移民したりしたムスリム、あるいは欧米で改宗したムスリムが犯行の主体となった。

▼イスラーム離れ　実際「アラブの春」では、エジプトやチュニジアでも、宗教的なスローガンは表にでず、デモの主体がシーア派であったバハレーンやサウジアラビアですら、デモ参加者のスローガンや旗印のなかであからさまにシーア派的なものを強調するケースはほとんどみられなかった（逆に体制側が、弾圧を正当化するために、意図的に強調しなければならなかったぐらいである）。こうした点も、カーイダのような宗教を標榜するテロ組織の焦りを増幅させる原因となっている。

近いのではないだろうか。カーイダのイデオローグたちは、彼らの究極の目標が独裁体制の打倒ではなく、真のイスラーム国家の樹立にあるとし、その達成にはジハードが必須であると主張し、ジハードの必要性を確保しようとしている。だが、それが一般のアラブ人にとってどれほどの説得力をもつのか、あやしいものである。時代はすでにカーイダを取り残して先に進んでしまったのだ。

電脳アラブ、電脳イスラーム

ビン・ラーデンやザワーヒリーといったカーイダの幹部たちは理想のイスラーム世界を夢みて、世界中のムスリムたちにジハードを説いていたが、どの国からも受け入れられることはなかった。唯一、彼らを受け入れたアフガニスタンのターリバーン政権は、逆に世界から受け入れられず、二〇〇一年の同政権瓦解後は、ターリバーンもカーイダもずっと潜伏生活を送らざるをえなかった。ある意味彼らの安住の地は、彼らが毛ぎらいした欧米の科学技術の賜物であるインターネット上にしかなかったのかもしれない。しかも、アラブ・イスラーム世界のインターネットの多くは政府の検閲や監視を受けるため、彼らが安心して好き勝手なことをいえるのは、イスラーム世界ではなく、表現の自由や民主主義が担保された地域のサーバー上にかぎられていた。彼らが忌みきらった民主主義こそが、じつは彼らのもっとも自由に活動できた場であり、彼らを守る最後の砦になっていたことは、皮肉以外のなにものでもないだろう。

そしてこの同じ仮想空間上で、同じアラブ人、同じムスリムでありながら彼らとは対極に位置する若者たちが「革命」の狼煙をあげたのである。もちろん、若者たちのインターネット上の活動が革命の必須条件であったとはいえないだろう。チュニジアやエジプトでもインターネットの普及率はせいぜい二〇〜三〇%、リビアやイエメンでは数%にすぎない。「アラブの春」でフェイスブックやツイッターが重要な役割をはたしたとして「フェイスブック革命」とか「革命二・〇」と呼ばれることもあるが、これらが本当に革命の原動力になったかどうか、もう少し厳密な検証が必要になるだろう。少なくとも、われわれのような外部のものが観察するSNS▲におけるデモの言説や動画は、実態をより過剰に見せる傾向があることを忘れてはならないはずだ。

実際、カイロのタフリール広場には、とてもインターネットを使いこなして

▼**SNS**（ソーシャル・ネットワーキング・サービス）　友人や同僚などの社会的なネットワークをインターネット上に仮想的に構築する機能。マイスペースやフェイスブック・ツイッターなどが代表例。日本オリジナルのSNSとしてはミクシィが有名。アラビア語でもウェトワートなどのサービスが知られていた。

いるとは思えない階層の人びとが多数集まっていた。おそらくインターネットだけでなく、携帯電話、とくにカメラ付携帯やショート・メッセージング・サービス(携帯メール)といった機能、さらに国境をこえて飛んでくる衛星放送、そして究極の情報通信手段である口コミ、こういったものが相乗的に情報を拡大し、人びとをデモに駆り立てたのではないだろうか。

重要なのは、どのような手段でデモの情報をえたかより、どんな方法であれ、その情報をえた人びとが、おそらくたんなる野次馬も含め、デモの現場にかけつけたことのほうであろう。それだけ多くの人びとが体制や社会に対する怒りや不満、あるいは不安を共有していたということではないか。そして、その怒りや不満は、失業や物価高など経済的なものであったかもしれないし、あるいは政府の腐敗に対する義憤、独裁政権に対する嫌悪、民主化の渇望、はたまた富裕層に対する嫉妬であったかもしれない。テレビで見ても、カイロのタフリール広場に集まった人びとは——老若男女・貧しそうな人・豊かそうな人・世俗的にみえる人・宗教的にみえる人——一人当たりGDPとか平均年収、インフレ率といった数字だけではおしはかれない多様性をもっていたのである。

しかも、将来よくなるといった希望があればまだがまんできようが、つぎに登場する為政者が今の為政者の子どもや親族となれば、当面同じ体制が続くことになり、期待はできない。国民のいだく怒り・不満・不安がどのようなものであれ、彼らの多くが将来に対する希望をもてずに、閉塞的な日々を送っていたのはまちがいないだろう。そしてその中心にいたのが、感受性の強い、怒れる若者たちだ。アラブ諸国の多くは極めて若く、たとえば、中位数年齢をみると、チュニジアで三〇歳、エジプトやリビアで二十四歳である。▲負のマグマがこれまで噴出しなかったのは体制側の強大な治安維持装置のおかげである。

「アラブの春」に巻き込まれた国々の共通点はまさにここにある。市民の怒りはすでに臨界点にあり、国家の暴力装置による恐怖の箍《たが》がはずれれば、住民の怒りはすぐにでも暴発したであろう。実際、政府に対する抗議デモのようなものは恐怖政治のもとでも頻繁に起きていた。しかし、それらは治安組織により事前に察知されて封じ込められたり、あるいは鎮圧されたりして、体制打倒にまでいたることはなかった。したがって、問題になるのは騒乱の「原因」より、なぜ今なのかという「時期」のほうであろう。フェイスブックをはじめと

▼中位数年齢の比較　日本の中位数年齢が四十五歳ぐらいだから、彼らがいかに若いかがわかるだろう。

するSNSが「アラブの春」とかかわっているとするならば、まさにその「時期」と密接に結びつくはずである。

ソーシャル・ネットワーク

動画サイト、ユーチューブが始まったのが二〇〇五年、ツイッターのサービスが始まるのも、フェイスブックが一般公開されるのも〇六年だ。〇七年ごろからすでにアラビア語の新聞や衛星放送ではフェイスブックなどのSNS（八三頁参照）が若者のあいだで人気になっていることを伝えていた。このころからSNSが政治運動に利用されているとのニュースがちらほらではじめていたが、▲〇九年六月のイラン大統領選挙をめぐる騒乱で大きな役割をはたしたとされたことで、アラブ世界にもかなりの刺激を与えることになった。同年三月にはフェイスブックが公式にアラビア語に対応し、一〇年には中東・北アフリカにおける利用者の数が一五〇〇万をこえた。▲

ツイッターやフェイスブックといったグローバル・スタンダードのSNS上の書き込みは、情報を伝播させるスピード・範囲とも、従来の同種のコミュニ

▼**SNSに関する報道**　たとえば、シリアでは〇七年に早くも、またチュニジアでは〇八年にフェイスブックへのアクセスが当局によってブロックされたとの報道があった。

▼**フェイスブック利用者数**　この数値は同地域で発行される新聞の全発行部数を上回っている。

ケーションツールとは比較にならない力を有していた。チュニジアの片田舎で起きた事件であっても、ひとたびこのプラットフォームに情報が載せられれば、チュニジア人・アラビア語・フランス語など重層的なくくりでまたたくまに拡散していく。さらに動画の視聴が容易であった点も無視できない。動画は、国民の怒りや不満を広く知らしめる役割をはたしただけでなく、国民の感じる痛みをも共有できるようにしてくれたのである。

また、デモを煽動した人びとが自分たちの宗教やイデオロギーを前面に押し出さなかったことで、逆に幅広い階層を反政府・反体制側に結集させることができたことも重要である。これは、イデオロギー・宗教・宗派・民族・部族といった要素にからめとられて、つねに分裂・拡散しがちだった、これまでの中東の反体制・反政府運動にはみられなかった新しい現象だといえる。

もう一つ、とくにチュニジアやエジプトでは「象徴」や「ものがたり」が重要な役割をはたした点も指摘しておかねばならない。チュニジア革命では、焼身自殺したムハンマド・ブーアジージーのものがたりが体制側の横暴とそれに対する反抗の象徴として終始一貫用いられていた(六二頁参照)。

▼**ワーエル・ゴネーム**(一九八〇〜)
カイロ出身のエジプト人インターネット活動家。革命時には、インターネット関連企業グーグル社の中東地域担当幹部であった。ハーリド・サイードの虐殺事件に衝撃をうけ、「われわれはみなハーリド・サイード」というフェイスブックのページを開設した。

一月二十五日(エジプト〈六四頁参照〉)革命では、二〇一〇年に当局の拷問で殺害された若者、ハーリド・サイードの名を冠したフェイスブックのページが煽動の中核にいた。しかし、時間の経過とともにデモ参加者たちにも疲労感がただよいはじめ、インターネットの影響力を恐れた当局が回線を遮断すると、騒乱もその速度を鈍らせた。だが、そこに新しいヒーローが登場する。ハーリド・サイードのフェイスブックの創設者であったゴネーム▲である。

彼は騒乱が始まってすぐに、住んでいたアラブ首長国連邦から祖国エジプトに帰国するが、カイロの大規模デモの二日後二〇一一年一月二十七日に治安当局によって拘束されてしまう。やがて彼が行方不明になっていることが、アラビア語衛星放送・ブログ・欧米メディア・人権団体などで明らかにされ、大規模な釈放要求運動に発展する。一〇日以上たってようやく解放されると、彼は、エジプトの独立系衛星放送、ドリームTVのインタビューを受け(二月八日)、そのなかであらためて反ムバーラク闘争の継続を主張した。だが、なによりも人びとを感動させたのは、彼の涙だったかもしれない。ゴネームはインタビューにおいて騒乱で死んだ人びとの死を悼み、彼らの名前が読みあげられるなか、感極まって泣き出し、インタビューの途中で席を立ってしまったのである。この涙が、とまりかけていた「革命」の勢いをふたたび増すことになり、それからわずか五日後、ムバーラク大統領は辞任した。

イラクはどこにいくのか

開戦から九年以上が経過し、イラク情勢が落ち着きをみせてきたことはこれまで述べたとおりである。たしかにフセインの独裁政権は打倒され、イラクを苦しませてきたひとつの大きな障害は取り除かれた。しかし、それによってフセイン政権が力づくで抑え、隠蔽してきた数え切れない矛盾をかえって表面化し、多くのイラク人を肉体的にも精神的にもさいなむこととなった。

落ち着いてきたとはいえ、マーリキー政権はお世辞にも安定しているとはいいがたい。正念場は、もちろん、アメリカ軍の完全撤退である。アメリカ軍ぬきで、つまりイラクの治安部隊だけで、この複雑怪奇なイラクを抑えられるのか。アメリカ軍が撤退すれば、またぞろテロ・グループや各宗派・民族別の民兵組織が跋扈しはじめるのではないか。残念ながら、その恐れは否定できない。

▼**イラク戦争の犠牲者数**　その間約四五〇〇人のアメリカ軍兵士が死亡、イラク人の死者数にいたっては一〇万から数十万まで正確な数すらわかっていない(九一頁図参照)。

アメリカ軍の撤退準備は順調に進み、二〇一一年十二月十八日、最後の駐留部隊が隣国クウェートに移動、撤退が完了した。イラク戦争開始から八年九カ月が経過していた。▲

たしかにカーイダをはじめとする武装勢力の力は目にみえて落ちてきた。しかし、イラクでは多くの政治・宗教・民族グループが自前の暴力装置をもっていたことを思い起こしてほしい。アメリカ軍が撤退したのち、この暴力装置を武装解除、さらには解体することがはたしてできるのか。これも、イラクがかかえる大きな課題である。シーア派の場合、多くは公的な治安維持部隊、あるいは軍にそのまま組み込まれていくので問題は少ないかもしれないが、前に述べたスンナ派を中心とする覚醒評議会の場合、そう簡単に事が運ぶだろうか。

イラク政府は、アメリカ軍にかわって彼らを雇用すると約束しているが、それを可能にするためには、とにもかくにも経済状況の改善が必要不可欠である。覚醒評議会のあつかいは、一九八〇年代のアフガニスタンにおけるムジャーヒディーンのケースを想起させる。アメリカ軍は、ソ連軍を撃退するためにアフガン・ゲリラに武器や資金をばらまきながら、ソ連軍が撤退すると、ほうった

●イラク戦争における有志連合死者数推移

年	死者数
2003	580
2004	906
2005	897
2006	873
2007	961
2008	322
2009	150
2010	60
2011	54
2012	1
合計	4804

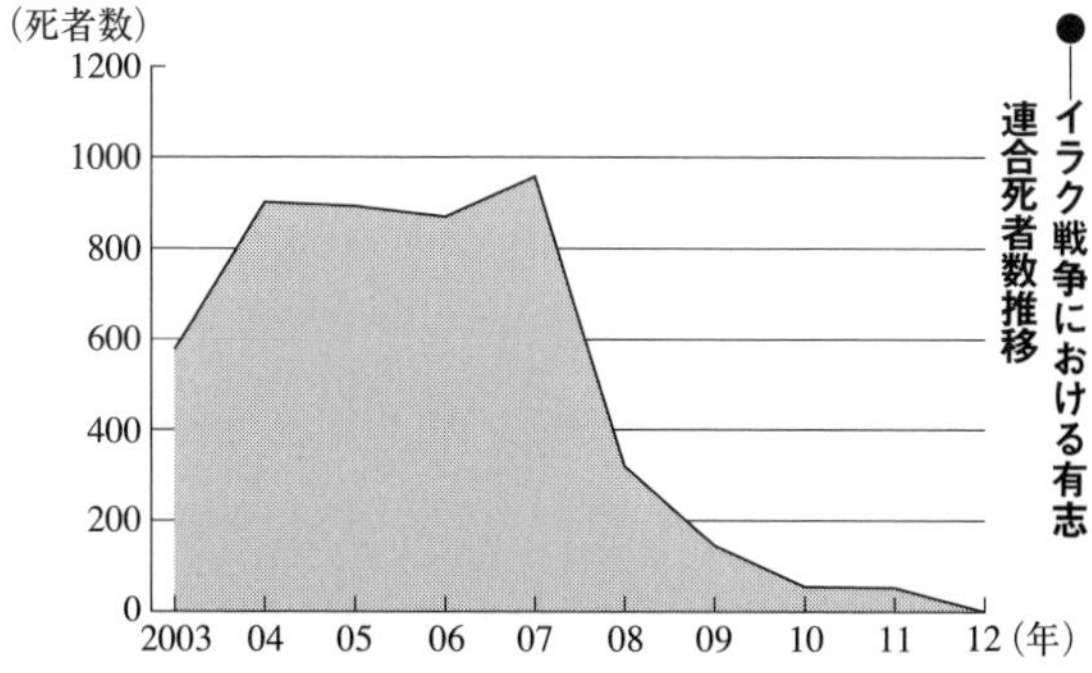

〔出典〕icasualties. org, Iraq Coalition Military Fatalities By Year より作成

●イラク戦争における民間人死者数推移

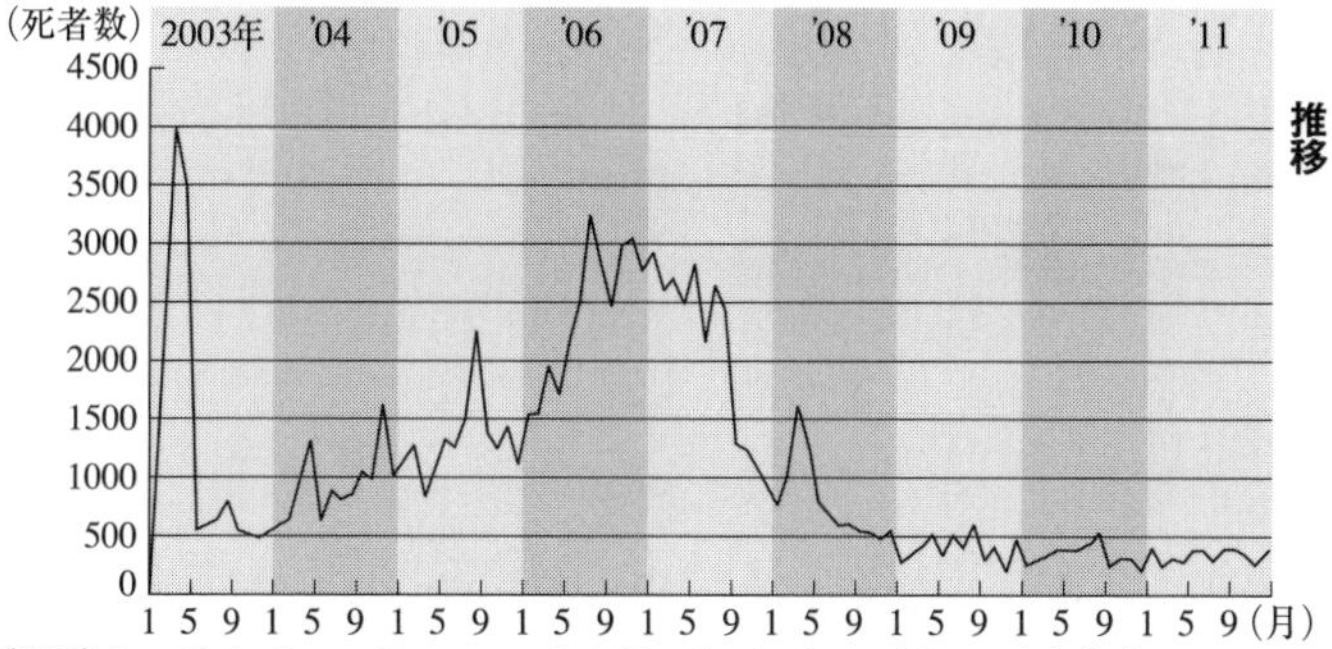

〔出典〕Iraq Body Count, Documented civilian deaths from violence より作成

年月	死者数	年月	死者数	年月	死者数	年月	死者数	年月	死者数
2003. 1	3	2004. 1	592	2005. 1	1130	2006. 1	1530	2007. 1	2887
2	2	2	645	2	1258	2	1536	2	2587
3	3977	3	986	3	842	3	1932	3	2674
4	3437	4	1302	4	1075	4	1714	4	2483
5	547	5	657	5	1303	5	2167	5	2798
6	594	6	870	6	1267	6	2522	6	2158
7	651	7	812	7	1503	7	3208	7	2618
8	796	8	860	8	2239	8	2791	8	2390
9	561	9	1029	9	1383	9	2474	9	1287
10	520	10	998	10	1253	10	2960	10	1226
11	488	11	1603	11	1418	11	3022	11	1083
12	528	12	1020	12	1114	12	2765	12	938
2008. 1	773	2009. 1	286	2010. 1	260	2011. 1	387		
2	1023	2	354	2	301	2	250		
3	1603	3	416	3	335	3	307		
4	1255	4	503	4	381	4	285		
5	791	5	337	5	377	5	378		
6	693	6	497	6	377	6	385		
7	604	7	400	7	424	7	305		
8	607	8	590	8	516	8	398		
9	553	9	303	9	252	9	394		
10	534	10	405	10	311	10	355		
11	490	11	210	11	302	11	272		
12	536	12	457	12	217	12	371		

らかしのまま引き上げてしまった。その結果、ゲリラたちは残された武器でたがいに争い、その戦いのなかからターリバーンやカーイダが生まれた。覚醒評議会への対応をまちがえると、その二の舞になりかねないのである。

「アラブの春」か「アラブの秋」か

二〇一〇年末から始まった「アラブの春」は、民衆の力によってまずは二つの独裁政権を崩壊に導き、好調なスタートを切った。人びとは、ようやくアラブ諸国にも民主主義や自由という春がやってきたと熱狂した。しかし、独裁体制が打倒されたからといって、すぐに国がよくなるはずもなく、チュニジアもエジプトもやがて厳しい現実に引きもどされる。いわば産みの苦しみである。

新たに気になる点もでてきた。「革命」を推進したはずの若者たちの姿が政治の表舞台でめだたなくなっているのだ。気がつけば、大統領候補としてテレビ画面で未来を語っているのは、旧政権時代からの見慣れた顔ばかりである。豊富な政治経験(含投獄や亡命)や国際社会との太いパイプからくる安心感ばかりを「売り」にするようでは、今回の一連の騒乱が本当に「革命」だったのか、たんなる政権交代ではなかったのかと、あやぶむ声もあがっている。政権に引導をわたしたことで株をあげた軍にかんしても、その後はむしろ治安維持を優先し、民衆を抑える側にまわっているような印象さえ受けてしまう。

エジプトではムバーラク大統領の退陣後、軍の最高評議会が権限を引き継ぎ、憲法改正の国民投票までは比較的順調にいったが、その後停滞し、当初二〇一一年六月を予定していた人民議会選挙は十一月にまで延期された。結果はムスリム同胞団(自由公正党)が四六%、サラフィー主義系のヌール党が二四%を獲得、イスラーム主義勢力が全体の七〇%以上を占めた。一二年一月に実施された諮問評議会▲選挙でも両イスラーム主義政党で議席の約八五%を掌握した。さらに六月二十四日、エジプトで大統領選挙の結果が発表され、ムスリム同胞団傘下の自由公正党から出馬したムハンマド・ムルシーが五一・七三%の得票率で当選した。対立候補で、ムバーラク政権最後の首相であったアフマド・シャフィークとの差は三・五%であった。ムバーラクから権力を引き継いでエジプトを実質的に統治していた軍最高評議会は選挙結果発表の前から、大統領の権限を制限するような措置をとりはじめており、議会の解散を含め、軍と新しい

▼人民議会と諮問評議会　人民議会はエジプトの立法府。定数五一四議席で、任期五年。一方、諮問評議会は立法権のない諮問機関で、定数三九〇議席、任期六年。

政治勢力のあいだの綱引きが激しくなっている。

革命の先輩であるチュニジアでは一足先の二〇一一年十月二十三日に憲法制定のための制憲議会選挙がおこなわれた。一九五六年にフランスから独立して以来、チュニジアが経験する最初の自由な選挙である。有権者数は七九〇万、定数二一七に対し立候補した政党は約八〇、候補者はじつに一万一千人で、投票率は九〇％以上を記録した。エジプトの場合と同様、イスラーム主義勢力が躍進し、非合法化されていたイスラーム主義政党、ナフダ運動▲が第一党になった。

その一方、インターネットで騒乱をリードしていったとされるチュニジアのサリーム・アマモー▲もエジプトのワーエル・ゴネーム（八八頁参照）も、政治の世界からは一歩も二歩も退いてしまった。二人ともどうやらインターネットの世界に舞いもどったようである。革命よりも大事なことがあるということだろう。はたして彼らにとって、二つの事件はほんとうに「革命」だったのか、それともたんなる「革命ごっこ」にすぎなかったのか。民主主義の実験とともに、今後もみまもっていく必要がある。

▼**ナフダ運動**　ナフダはアラビア語で「覚醒」を意味する。エジプトのムスリム同胞団のイデオロギーに影響をうけ、一九八〇年代に設立された。リーダーはラシード・ガンヌーシー（一九四一〜　）。

▼**サリーム・アマモー**（一九七七〜　）　チュニジアの著名なブロガーで、政治活動家。アラブの春以前からインターネットを利用しての政治活動・デモの動員を試みていた。革命後スポーツ青年長官に抜擢されたが、暫定政府のインターネット政策に抗議して辞任した。

参考文献

朝日新聞「クルドの肖像」取材班『クルドの肖像──もうひとつのイラク戦争』彩流社　二〇〇三年
池内恵『アラブ政治の今を読む』中央公論新社　二〇〇四年
板垣雄三編『「対テロ戦争」とイスラム世界』（岩波新書）岩波書店　二〇〇二年
イラク戦争の検証を求めるネットワーク『イラク戦争を検証するための20の論点』（合同ブックレット01）合同出版　二〇一一年
ビング・ウェスト（竹熊誠訳）『ファルージャ栄光なき死闘──アメリカ軍兵士たちの20カ月』早川書房　二〇〇六年
ボブ・ウッドワード（伏見威蕃訳）『ブッシュの戦争』日本経済新聞社　二〇〇三年
ボブ・ウッドワード（伏見威蕃訳）『攻撃計画──ブッシュのイラク戦争』日本経済新聞社　二〇〇四年
ボブ・ウッドワード（伏見威蕃訳）『オバマの戦争』日本経済新聞出版社　二〇一一年
奥克彦『イラク便り──復興人道支援221日の全記録』扶桑社　二〇〇四年
小倉孝保『戦争と民衆──イラクで何が起きたのか』毎日新聞社　二〇〇八年
片倉邦雄『アラビスト外交官の中東回想録──湾岸危機からイラク戦争まで』明石書店　二〇〇五年
川上泰徳『イラク零年──朝日新聞特派員の報告』朝日新聞社　二〇〇五年
川上泰徳『現地発エジプト革命──中東民主化のゆくえ』（岩波ブックレット809）岩波書店　二〇一一年
国末憲人『イラク戦争の深淵──権力が崩壊するとき　二〇〇二～二〇〇四年』草思社　二〇〇七年

リチャード・クラーク（楡井浩一訳）『爆弾証言——すべての敵に向かって——九・一一からイラク戦争へ』徳間書店　二〇〇四年
黒田寿郎編『イラク戦争への百年——中東民主化の条件とは何か』（地域文化学会叢書）書肆心水　二〇〇五年
パトリック・コバーン『イラク占領——戦争と抵抗』大沼安史訳　緑風出版　二〇〇七年
アンドリュー・コバーン『ラムズフェルド——イラク戦争の国防長官』加地永都子訳　緑風出版　二〇〇八年
酒井啓子『イラクとアメリカ』（岩波新書）岩波書店　二〇〇二年
酒井啓子『フセイン・イラク政権の支配構造』（岩波新書）岩波書店　二〇〇三年
酒井啓子『イラク戦争と占領』（岩波新書）岩波書店　二〇〇四年
酒井啓子『イラクはどこへ行くのか』（岩波ブックレット643）岩波書店　二〇〇五年
酒井啓子『イラクは食べる——革命と日常の風景』（岩波新書）岩波書店　二〇〇八年
酒井啓子編著『イラクで私は泣いて笑う——ＮＧＯとして　ひとりの人間として』（ＪＶＣブックレット001）めこん　二〇〇九年
酒井啓子編『〈アラブ大変動〉を読む——民衆革命のゆくえ』東京外国語大学出版会　二〇一一年
産経新聞イラク取材班『誰も書かなかったイラク自衛隊の真実——人道復興支援二年半の軌跡』（産経新聞出版）扶桑社　二〇〇六年
菅原出『外注される戦争——民間軍事会社の正体』草思社　二〇〇七年
立山良司監修『「対テロ戦争」から世界を読む』自由国民社　二〇〇五年

田原牧『中東民衆革命の真実——エジプト現地レポート』（集英社新書）集英社　二〇一一年
寺島実郎・小杉泰・藤原帰一編『「イラク戦争」検証と展望』岩波書店　二〇〇三年
土井敏邦『米軍はイラクで何をしたのか——ファルージャと刑務所での証言から』（岩波ブックレット631）岩波書店　二〇〇四年
長沢栄治『エジプト革命——アラブ世界変動の行方』（平凡社新書）平凡社　二〇一二年
日本国際問題研究所編『湾岸アラブと民主主義——イラク戦争後の眺望』日本評論社　二〇〇五年
セイモア・ハーシュ（伏見威蕃訳）『アメリカの秘密戦争——九・一一からアブグレイブへの道』日本経済新聞社　二〇〇四年
ジョージ・パッカー（豊田英子訳）『イラク戦争のアメリカ』みすず書房　二〇〇八年
ウィリアム・リバーズ・ピット／スコット・リッター（星川淳訳）『イラク戦争——元国連大量破壊兵器査察官スコット・リッターの証言——ブッシュ政権が隠したい事実』合同出版　二〇〇三年
フォーリン・アフェアーズ・ジャパン編・監訳『アメリカはなぜイラク攻撃をそんなに急ぐのか?』（朝日文庫）朝日新聞社　二〇〇二年
ジョージ・W・ブッシュ（伏見威蕃訳）『決断のとき』（上・下）日本経済新聞出版社　二〇一一年
ハンス・ブリクス（納家政嗣監修　伊藤真訳）『イラク大量破壊兵器査察の真実』ＤＨＣ　二〇〇四年
トニー・ブレア（石塚雅彦訳）『ブレア回顧録』（上・下）日本経済新聞出版社　二〇一一年
保坂修司編『アフガニスタンは今どうなっているのか』京都大学大学院アジア・アフリカ地域研究研究科附属イスラーム地

域研究センター　二〇一〇年
保坂修司『新版オサマ・ビンラディンの生涯と聖戦』（朝日選書880）朝日新聞出版　二〇一一年
ヒュー・マイルズ（河野純治訳）『アルジャジーラ――報道の戦争――すべてを敵に回したテレビ局の果てしなき闘い』光文社　二〇〇五年
松本弘編著『中東・イスラーム諸国民主化ハンドブック』明石書店　二〇一一年
水谷周編著『アラブ民衆革命を考える』国書刊行会　二〇一一年
森本敏編『イラク戦争と自衛隊派遣』東洋経済新報社　二〇〇四年
山内昌之『戦争と外交――イラク・アメリカ・日本』ダイヤモンド社　二〇〇三年
山内昌之『歴史のなかのイラク戦争――外交と国際協力』NTT出版　二〇〇四年
山内昌之・大野元裕編『イラク戦争データブック――大量破壊兵器査察から主権移譲まで』明石書店　二〇〇四年
山尾大『現代イラクのイスラーム主義運動――革命運動から政権党への軌跡』有斐閣　二〇一一年
渡辺悟『クルド　イラク　窮屈な日々――戦争を必要とする人びと』現代書館　二〇〇五年

図版出典一覧

The Journalists of Reuters, *Twenty-One Days to Baghdad A Chronicle of the Iraq War*, New Jersey, 2003. *30, 31,* カバー裏

AP/AFLO 提供 *2*

ユニフォトプレス提供 カバー表，扉 *3, 5, 8, 35, 36, 65* 上，下

世界史リブレット126

イラク戦争《せんそう》と変貌《へんぼう》する中東世界《ちゅうとうせかい》

2012年7月30日　1版1刷発行
2019年9月15日　1版3刷発行

著者：保坂修司《ほさかしゅうじ》

発行者：野澤伸平

装幀者：菊地信義

発行所：株式会社 山川出版社

〒101-0047　東京都千代田区内神田1-13-13
電話　03-3293-8131(営業)　8134(編集)
https://www.yamakawa.co.jp/
振替　00120-9-43993

印刷所：明和印刷株式会社

製本所：株式会社 ブロケード

 ISBN978-4-634-34964-3

世界史リブレット　第Ⅲ期［全36巻］

〈白ヌキ数字は既刊〉